Rhythmische Spielgeschichten

Sabine Hirler/Edith Penz

Rhythmische SPIELGESCHICHTEN

Mit allen Sinnen durch die Welt

Kallmeyersche
editon: rhythmik

Die Deutsche Bibliothek - CIP-Einheitsaufnahme

Rhythmische Spielgeschichten : mit allen sinnen durch die Welt /
Sabine Hirler ; Edith Penz. - Seelze,Velber : Kallmeyer
(Edition: Rhythmik)

Buch. 1997
ISBN 3-7800-5906-1

Impressum
Sabine Hirler. Edith Penz. Rhythmische Spielgeschichten. Mit allen Sinnen durch die Welt.

Titel: Regina Hoffmann

ISBN 3-7800-5906-1
Printed in Germany.
Druck: Buchdruckerei und Verlag Niedersachsen, Friedrich Buse GmbH und Co. Kg, Hannover

Zu diesem Buch ist eine CD erhältlich. Best.-Nr.: 3-7800-5909-6

Inhaltsverzeichnis

Inhaltsverzeichnis

Die Schatzkammer der Rhythmik

Kinder lieben neue Spiele. Daß sie dabei auch etwas lernen freut sie, aber an erster Stelle plant das die Erzieherin.
Rhythmik bietet eine einmalige Förderungsmöglichkeit, und die dokumentiert sich heute in über 100 Praxisbänden alleine im deutschsprachigen Raum.
Ob wir die Sammlung des Pioniers Otto Blensdorf von 1923 durchblättern – sie hieß „Praxis der Rhythmik in Schule und Haus mit kindlichen Erzählungen zum handelnden Erleben" – oder in den Bänden Hannelore Krause-Wicherts, Barbara Holzapfels oder Brita Glathes fündig werden, um nur einige zu nennen, wir und die Kinder können neues Material immer gut gebrauchen.
Warum bedienen sich Pädagogen so gerne in der Schatzkammer der Rhythmik? Auch Lehrer, die sich schon von Orff bis zum Kreativen Tanz haben anregen lassen, entdecken immer wieder Wesentliches in den Rhythmik-Praxisbüchern. Was ist das Besondere an diesen Bänden?
Vielleicht die Leichtigkeit, mit der auch schwergewichtig Klingendes erreicht werden kann, wie die auditiv-visuell-taktile Sinneswahrnehmung. Vielleicht, weil sich hier die zu erreichenden Lernziele unmerklich mit den Urbedürfnissen der Kinder nach Witz, Bewegung und Fantasie decken! Die rhythmischen Spielgeschichten lassen uns die Gegenwart des Lebens fühlen.
Danken wir Sabine Hirler und Edith Penz also für weitere 150 Seiten Anregungen zu Kindergarten, Musikschule und Schule, für die Spielkomplexe „Die kleine Hexe", „Die Uhr von Bimbelbom" und „Briefe von Felix", die die Autorinnen mit Sinn für Humor und spielerischer Fantasie entwickelt haben.

Reinhard Ring, Hochschule für Musik und Theater Hannover, Juli 1997

Die Bedeutung der Rhythmisch-musikalischen Erziehung für Kindergarten, Schule und Musikschule

Die Rhythmisch-musikalische Erziehung als ganzheitlich orientierte Pädagogik vermittelt Grunderfahrungen in Musik, Sprache und Bewegung.
Im Rhythmikunterricht werden die Kinder über ein spielerisch-fantasievolles Aufgabenangebot in ihrer natürlichen Musikalität, in ihrem Bewegungsverhalten und in ihrer Sprachentwicklung gefördert.
Im Mittelpunkt der rhythmischen Arbeitsweise stehen sensomotorische Wahrnehmungsspiele. Diese Aufgabenstellungen im Wechselspiel von Sinneswahrnehmung und Bewegung sind von entscheidender Wichtigkeit. Dadurch entwickelt sich die Wahrnehmungs- und Konzentrationsfähigkeit der Kinder.
Die Arbeitsmethode der Rhythmik vermittelt über Sprache und Bewegung (Verse, Lieder, Bewegungsspiele in Klein- und Großmotorik) musikalische Inhalte, die zum Musizieren und Improvisieren auf Musikinstrumenten führen.
Durch die Umsetzung von Musik oder Sprache in Bewegung werden die Kinder in ihrem Bewegungsverhalten gefördert und ausgebildet, sie lernen die Bewegungen ihres Körpers zu differenzieren und zu koordinieren.
In freien Spielphasen leben die Kinder ihr Bedürfnis am Experimentieren mit Materialien und Spielgeräten aus und entdecken ihre Fantasie und das kreative Gestalten.
Der Wechsel von sensorisch und motorisch geprägten Unterrichtsphasen innerhalb einer Unterrichtsstunde wirkt ausgleichend und harmonisierend.
Der Aufgabenkomplex „Führen und Folgen" fördert das soziale Verhalten durch das bewusste Wahrnehmen der eigenen Person und der anderen in der Gruppe. Durch das vielschichtige Aufgabenangebot trägt die Rhythmik zur positiven Persönlichkeitsentwicklung der Kinder bei.

Kindergarten
Im Rhythmikunterricht mit Vorschulkindern steht das spielerische Tun mit Musik, Sprache und Bewegung im Vordergrund.
Die ganzheitliche Verbindung von Sprache und Bewegung über Finger- und Handgestenspiele, Verse und Reime bildet die Basis. Primär über die Nachahmung werden die Inhalte der Vorschulrhythmik vermittelt.
Das thematische Aufgabenangebot der rhythmisch-musikalischen Spielkomplexe entspringt der Fantasie- und Erlebniswelt der Kinder. Auf spielerisch-fantasievolle Weise tauchen die Kinder in die Rhythmikstunde ein und erleben die Spielinhalte. Durch die bildhafte, kindgerechte Ansprache sind die Kinder in das Unterrichtsgeschehen emotional eingebunden.
Die Sensibilisierung der Sinneswahrnehmung sowie die Förderung der Konzentrationsfähigkeit sind das Kernstück der pädagogischen Arbeit.

Schule
Im Schulalter gewinnt das konkrete Umsetzen von Rhythmen, Liedern und Tänzen immer mehr an Bedeutung. Rhythmisch-metrische Aufgaben können nun bewusster und metrisch exakter ausgeführt werden. Wichtig bleibt, dass jede Rhythmikstunde in ein bestimmtes Thema eingebunden ist.

Das kreative Umgehen und Experimentieren mit Material, Spielgeräten und Instrumenten bekommt einen größeren Stellenwert. Aus den eigenen Spielideen der Kinder entstehen gemeinsame kreative Gestaltungen. Auch sind in diesem Alter anspruchsvollere Klang- und Stimmimprovisationen und differenzierte Liedbegleitung mit Orff-Instrumenten möglich.
In festgelegten Tanz- und Bewegungsformen üben sich die Kinder in Tanzschritten, Reaktionsvermögen und Raumwahrnehmung. Dabei wird die Bewegungsempfindung /Kinästhesie gefördert.
Die sensomotorischen Wahrnehmungsaufgaben zum Thema „Führen und Folgen" können immer vielschichtiger umgesetzt werden.

Sich dem Spielgeschehen öffnen

Musikschule

Spaß mit Musik und Bewegung

Die Rhythmisch-musikalische Ausbildung an Musikschulen läuft parallel zu Kindergarten und Schule. In der Regel bieten die Musikschulen ein- bis zweijährige Kurse in „Musikalischer Früherziehung" für Kinder ab vier Jahren nach unterschiedlichen Lehrprogrammen, sowie die „Musikalische Grundausbildung" für das Grundschulalter. Rhythmisch-musikalische Spielformen werden von den Lehrern im Bereich der musikalischen Früherziehung/ Grundausbildung in den Unterricht integriert.
Für die Rhythmisch-musikalische Erziehung an Musikschulen sind das ganzheitliche Erleben und fantasievolle Gestalten von Sprechversen, Bewegungsspielen, Liedern und Tänzen wichtige Elemente.
Ebenso steht das gemeinsame Singen, Improvisieren und Musizieren mit Klängen und Tönen auf Orff-Instrumenten im Mittelpunkt.
Musikalische Parameter, wie Rhythmus, Dynamik, Melodie, Tempo und Artikulation werden über die Sinne erfahren und durch die Bewegung sichtbar gemacht. Die Kinder erreichen die Fähigkeit, elementare Grunderfahrungen aus Bewegung und Sprache auf die Instrumente zu übertragen. Dies erleichtert den Kindern den Einstieg in den späteren Instrumentalunterricht.
Durch komplexe Aufgabenstellungen aus dem Bereich „Führen und Folgen" werden die Kinder ab dem 2. Ausbildungsjahr in ihrer Sensibilität der Sinneswahrnehmung gefördert. Die Kinder lernen dabei, sich dieser wichtigen sozialen Komponente zu öffnen.

Sensomotorik, Wahrnehmung und Konzentration in der Rhythmisch-musikalischen Erziehung

Die sensomotorische Wahrnehmungsschulung der Rhythmisch-musikalischen Erziehung wirkt ausgleichend auf die seelisch-geistige Entwicklung und fördert in hohem Maße die Konzentrationsfähigkeit. In unserer heutigen Zeit gewinnt die Wahrnehmungsschulung eine große Bedeutung, da die Kinder einer Überflutung multimedialer Reize ausgesetzt sind.
Unter Sensomotorik verstehen wir das Wechselspiel zwischen Sinneswahrnehmung und Bewegung.

Sensomotorische Wahrnehmungsaufgaben sind

- Auditive Wahrnehmungsspiele — Hören ⟷ Bewegen
- Visuelle Wahrnehmungsspiele — Sehen ⟷ Bewegen
- Taktile Wahrnehmungsspiele — Fühlen ⟷ Bewegen

Auditive, visuelle oder taktile Sinneswahrnehmungen werden im Aufgabenverlauf in individuelle Bewegungen umgesetzt und dadurch sichtbar und hörbar gemacht.
Ebenso kann die Bewegung in Musik ausgedrückt werden.

Sensomotorische Wahrnehmungsspiele fördern

- Konzentrationsfähigkeit
- Sensibilisierung des Gehörs
- Sensibilisierung der Raumwahrnehmung
- Koordination von Sinneswahrnehmung und Bewegung
- Differenziertes Bewegungsverhalten und Körperwahrnehmung
- Förderung der musikalischen Ausdrucksfähigkeit
- Soziale Kompetenz

Sich konzentrieren

Musikalischer Ausdruck

Raumwahrnehmung

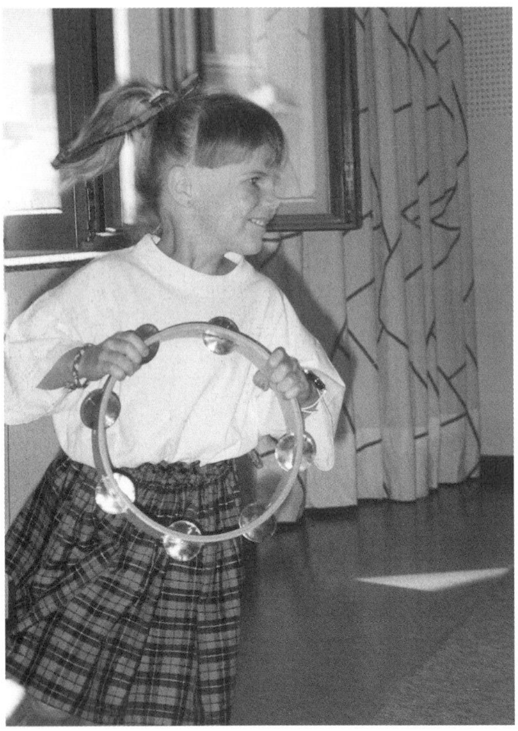

Bewegung

Gemeinsames Tun

Aufbau einer Rhythmikstunde (Schema)

Die Rhythmikstunde gestaltet sich in einem gleichbleibenden Rahmen mit Einstimmung, Arbeitsphase und Ausklang.

Einstimmung
Einspielphase
Begrüßung mit Handpuppe oder Marionette
Fingerspiel/Bewegungsspiel

Thematisches Aufgabenangebot der Arbeitsphase

- Sensomotorisches Wahrnehmungsspiel/Führen und Folgen (S)
- Bewegungsspiel/Tanz (M)
- Sprachspiel (S)
- Vers in Kleinmotorik/Großmotorik (S/M)
- Lied in Kleinmotorik/Großmotorik (S/M)
- Instrumentalspiel/Klangimprovisation (S)
- Übergang (S)
- Ruhephase (S)
- Experimentierphase mit Material/Spielgerät/Instrument (S/M)
- Kreatives Gestalten mit Material/Spielgerät/Instrument (S/M)
- Darstellendes Spiel (M)

M = Motorische Aufgabe
S = Sensorische Aufgabe

Ausklang
Verabschiedung mit Handpuppe oder Marionette.

Die einzelnen Aufgaben werden vom Unterrichtenden individuell zusammengestellt, wobei die Ausgewogenheit von sensorischem und motorischem Aufgabenangebot im Stundenverlauf angestrebt wird.

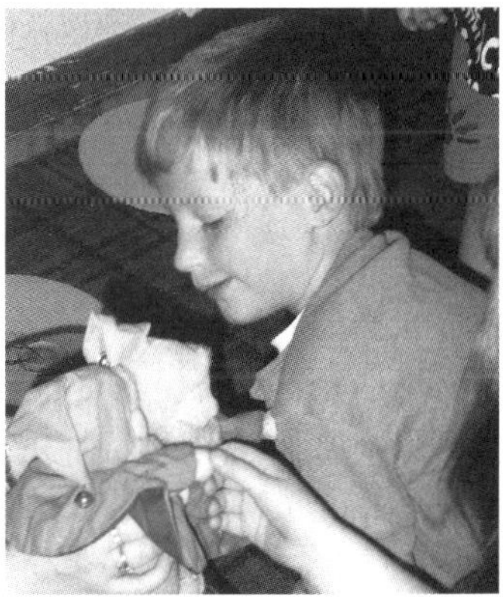
Verabschiedung durch die Handpuppen „Wurzel und Purzel"

Wichtig im Aufbau ist das Wechselspiel von

- Ruhe (S) und Bewegung (M)
- Spielen am Platz (S) und im Raum (M)
- Bewegen in Kleinmotorik (S) und Großmotorik (M)

Aufbau der Rhythmisch-musikalischen Spielkomplexe

Aus Bilderbüchern und Geschichten wurden die rhythmisch-musikalischen Spielkomplexe für dieses Buch entwickelt. Die Themen und Inhalte der Spielgeschichten sprechen die Kinder in ihrer Fantasie und Kreativität an.
Die Spielkomplexe sind wiederum in einzelne Stundenbilder unterteilt, wobei jedes Stundenbild ein in sich abgeschlossenes pädagogisches Konzept beinhaltet.
Durch Vertiefen einzelner Aufgaben und Hinzufügen eigener Spielideen lassen sich zu jedem Spielkomplex ergänzende Stundenbilder entwickeln. Im Anschluss an die Spielkomplexe stehen Aufgabenerweiterungen.
Die Stundenbilder sind auf eine Zeit von etwa 60 Minuten konzipiert.
Alle Spielkomplexe sind für die rhythmisch-musikalische Arbeit in Kindergarten, Schule und Musikschule geeignet. Die Spielkomplexe „Die kleine Hexe", „Die Uhr von Bimbelbom" und „Briefe von Felix" sind für Kinder ab 5 Jahren.

Einstimmung

Das gleichbleibende Spielangebot zu Beginn der Rhythmikstunde vermittelt den Kindern einen vertrauten Rahmen. Die Einstimmungsphase setzt sich aus drei Elementen zusammen.

1. Einstimmung für Kinder von 4–5Jahren

a) Einspielphase mit Kreisel

Das Spiel mit Kreiseln fördert die Entwicklung der Feinmotorik. Jedes Kind hat die Möglichkeit, sich spielerisch in die Gruppensituation einzugliedern und soziale Kontakte aufzubauen. Das Austeilen und Einsammeln des Spielmaterials wird von den Kindern übernommen. Sie nehmen diese verantwortungsvolle Tätigkeit gern an. Das Kreiselspiel bewirkt eine entspannte und konzentrierte Spielatmosphäre, die die Kinder in das weitere rhythmisch-musikalische Spiel hineinführt. Die Einspielphase dauert etwa 5 Minuten.

b) Begrüßungslied mit Handpuppe

→ Lied S. 15

Anschließend sitzen die Kinder im Kreis und werden durch die Handpuppe musikalisch begrüßt. Gemeinsam wird das Begrüßungslied gesungen. In den ersten Rhythmikstunden schließt sich an das Begrüßungslied ein Namensspiel an. Später können aus dem Begrüßungslied weitere fantasievolle Spielformen entstehen.
Das Medium Handpuppe erleichtert die erste Kommunikation zwischen Lehrerin und Gruppe.
Dadurch fühlen sich die Kinder in ihrem Wesen angenommen und öffnen sich dem Spielgeschehen.

c) Fingerspiel

Laut-, Sprech- und Fingerspiele gibt es in allen Kulturen der Welt. Die Kinder lieben Fingerspiele, Rhythmen und Reime, die sie oft wiederholen.
Sie lernen über die Nachahmung, feinmotorische Bewegungen mit Sprechlauten, Silben und Wörtern zu koordinieren und immer differenzierter auszuführen.
Dabei handelt es sich um erste sensomotorische Wahrnehmungsspiele, die genaues Beobachten, Sprechen und Bewegen fördern. Gleichzeitig entwickelt sich die Konzentrationsfähigkeit der Kinder.
Ein gleichbleibendes Fingerspiel kann über einen Zeitraum von 3–6 Monaten wiederholt werden.

Begrüßungslied: Halli-hallo mit Handpuppe

Zu Beginn der Rhythmikstunde sitzen alle im Kreis. Gemeinsam wird das Begrüßungslied gesungen. Die Lehrerin führt die Handgesten mit der Handpuppe aus, die Kinder ahmen nach.

Text und Melodie:
Edith Penz

Lied mit Handgesten

HALLI-HALLI-HALLO,	IM MELODIERHYTHMUS KLATSCHEN.
HALLI-HALLI-HALLO.	
MÖCHT' SINGEN, TANZEN, MUSIZIER'N,	HANDFLÄCHEN IN GEGENBEWEGUNG
MÖCHT' FRÖHLICH SEIN	VON OBEN NACH UNTEN (8 X).
DRUM BIN ICH HIER.	
HALLI-HALLI-HALLO.	IM MELODIERHYTHMUS KLATSCHEN.

Begrüßung mit Handpuppe

Die Lehrerin begrüßt mit der Handpuppe jedes Kind mit seinem Namen.

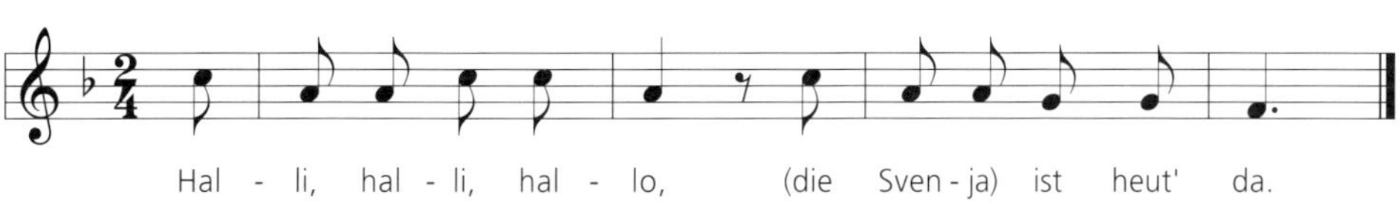

Lied am Platz mit Klanghölzchen

Die Kinder sitzen im Kreis. Das Lied singen und mit Klanghölzchen begleiten.

Dirigieren mit Klanghölzchen

HALLI-HALLI-HALLO,	IM MELODIERHYTHMUS SPIELEN.
HALLI-HALLI-HALLO.	
MÖCHT' SINGEN, TANZEN, MUSIZIERN',	DIRIGIERGESTE IM 4/4-TAKT
MÖCHT' FRÖHLICH SEIN	AUSFÜHREN.
DRUM BIN ICH HIER.	
HALLI-HALLI-HALLO.	IM MELODIERHYTHMUS SPIELEN

4/4-Takt-Dirigiergeste mit Klanghölzchen

	1	2	3	4
Bewegungsrichtung:	**nach unten**	**zur Mitte**	**nach außen**	**nach oben**

Variante:

Zum Liedtext nur die Mundbewegungen ausführen und mit Klanghölzchen begleiten. Die Kinder lernen die Melodie innerlich zu hören.

Handpuppe Hali begrüßt die Kinder

HALLI-HALLI-HALLO,	MELODIERHYTHMUS SPIELEN UND
HALLI-HALLI-HALLO,	MUNDBEWEGUNGEN AUSFÜHREN.
MÖCHT' SINGEN, TANZEN, MUSIZIER'N	SINGEN UND 4/4-TAKT-DIRIGIERGESTE
MÖCHT' FRÖHLICH SEIN	AUSFÜHREN.
DRUM BIN ICH HIER.	MELODIERHYTHMUS SPIELEN UND
HALLI-HALLI-HALLO.	MUNDBEWEGUNGEN AUSFÜHREN.

Variante:

Das „Halli-hallo" singen und im Mittelteil des Liedes nur die Mundbewegungen ausführen.

Lied im Raum mit Klanghölzchen

Die Kinder stehen verteilt im Raum und haben Klanghölzchen in der Hand.

HALLI-HALLI-HALLO,	IM MELODIERHYTHMUS SPIELEN.
HALLI-HALLI-HALLO.	
MÖCHT' SINGEN, TANZEN, MUSIZIERN'	IM RAUM GEHEN UND DIRIGIERGESTE
MÖCHT' FRÖHLICH SEIN	IM 4/4-TAKT AUSFÜHREN.
DRUM BIN ICH HIER.	
HALLI-HALLI-HALLO	IM MELODIERHYTHMUS SPIELEN.

Variante:

Das Tempo und die Dynamik verändern.

Lied mit Schlägel

Die Kinder sitzen im Kreis. Jedes Kind hat zwei Schlägel in der Hand.

Melodierhythmus am Rücken spüren

HALLI-HALLI-HALLO,	MELODIERHYTHMUS IM WECHSELSCHLAG
HALLI-HALLI-HALLO.	AUF DEN BODEN KLOPFEN.
MÖCHT' SINGEN, TANZEN, MUSIZIER'N,	BEGLEITOSTINATO IM
MÖCHT' FRÖHLICH SEIN,	PARALLELSCHLAG (8 X).
DRUM BIN ICH HIER.	
HALLI-HALLI-HALLO.	MELODIERHYTHMUS IM WECHSELSCHLAG.

Taktiles Wahrnehmungsspiel zum Lied

Die Kinder sitzen paarweise hintereinander. Das Lied singen. Ein Kind klopft mit den Schlägel den Melodierhythmus auf den Rücken.

Rollentausch.

Begrüßungslied „Hey kids, I say hello"

zur Melodie „Halli-Hallo"

→ Spielkomplex „Briefe von Felix"

HEY KIDS, I SAY HELLO,
HEY KIDS, I SAY HELLO
I WANT TO PLAY WITH EVERYONE,
TO DANCE AND SING
AND HAVE MUCH FUN.
HEY KIDS, I SAY HELLO.

2. Einstimmung für Kinder von 6–8 Jahren

a) Einspielphase mit Spielmaterial/Spielgerät

Zu Beginn der Rhythmikstunde haben die Kinder Spielmaterial oder Spielgeräte zum freien Spiel. Gemeinsam oder allein entdecken sie verschiedene Spielformen und erfahren die Gesetzmäßigkeiten des Materials.
Es ist sinnvoll, sich auf ein Spielgerät (z. B. Ball, Reifen, Japanbälle) zu beschränken. Dadurch lernen die Kinder, sich auf ein Material zu konzentrieren und dessen Spielmöglichkeiten auszuschöpfen.
Über das Spiel bauen sich die ersten sozialen Kontakte in der Gruppe auf. Die Einspielphase mit Spielmaterial/Spielgerät bewirkt eine lebendige und kreative Spielatmosphäre und dauert etwa 5–10 Minuten.

b) Begrüßungslied mit Marionette

Anschließend sitzen die Kinder im Kreis und werden durch die Marionette musikalisch begrüßt. Das Medium Marionette stellt die erste Kommunikation zwischen Lehrerin und Gruppe her.

c) Bewegungsspiel

Dem Thema der Rhythmikstunde entsprechend folgt ein Bewegungsspiel am Platz und/oder im Raum mit folgendem inhaltlichen Schwerpunkt.

- Musik und Bewegung
- Sprache und Bewegung
- Spiellied oder Tanzspiel
- Reaktionsspiel

Bewegungsspiel zu zweit

Bewegungsspiel im Kreis

Begrüßungslied: Guten Tag, liebe Kinder (mit Marionette)

Text und Melodie: Sabine Hirler

Liedtext zur Verabschiedung: Nun, auf Wiedersehn ihr Kinder

NUN, AUF WIEDERSEHN IHR KINDER.
JA, WIR SEHEN UNS BALD WIEDER.
WIR KLATSCHEN, TANZEN, SINGEN DANN,
UND JEDER IST ZUM SPIELEN DRAN.
RHYTHMIK HATTEN WIR NUN HEUTE,
JA, DAS WISSEN ALLE LEUTE.

Thematisches Aufgabenangebot der Arbeitsphase

Sensomotorisches Wahrnehmungsspiel/Führen und Folgen

In den sensomotorischen Wahrnehmungsspielen erleben die Kinder spielerisch die Zusammenhänge von Musik und Bewegung oder Sprache und Bewegung.

Die Kinder erfahren die musikalischen Parameter (schnell – langsam, staccato – legato usw.) über das Hören und Bewegen oder Sprechen und Bewegen. Wahrnehmungen über die Sinne, Hören, Sehen und Fühlen, werden im Aufgabenverlauf in individuelle Bewegungen umgesetzt und dadurch sichtbar und hörbar gemacht. Die Sinneswahrnehmung und die Bewegung beeinflussen sich gegenseitig.

„Führen und Folgen" gehört zu den klassischen Aufgabenstellungen der Rhythmisch-musikalischen Erziehung.

Auditives Wahrnehmungsspiel

- Hören ⟷ Bewegen: Ein Kind spielt mit den Klanghölzchen das Trippeln der „Mäuse". Die anderen reagieren auf das Instrument und bewegen sich dazu (rasches Laufen). Hört das Instrument auf, bleiben alle stehen.

Visuelles Wahrnehmungsspiel

- Sehen ⟷ Bewegen: Die Kinder laufen als „Mäuse" im Raum. Bleibt ein bestimmtes Kind stehen, bleiben auch die anderen stehen.

Taktiles Wahrnehmungsspiel

- Fühlen ⟷ Bewegen: Die Kinder sitzen paarweise hintereinander. Ein Kind hat eine Handtrommel vor sich liegen. Das andere spielt mit den Fingern das „Trippeln der Mäuse" auf den Rücken. So lange auf der Handtrommel spielen, wie man das „Trippeln" am Rücken spürt.

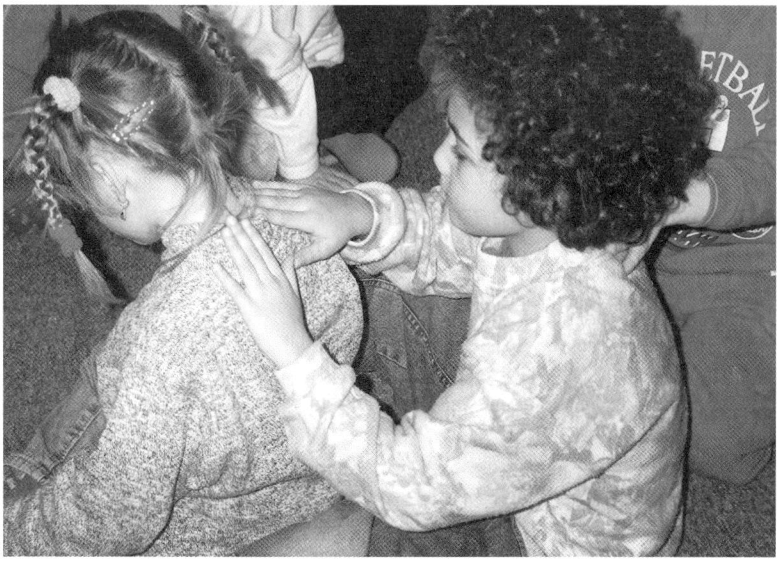

Taktiles Wahrnehmungsspiel

Eine Mutter gibt durch Antippen die Spieleinsätze

Ein Kind als Dirigent

Ein Kind als „Bewegungsdirigent"

Führen und Folgen: Das Uhrenorchester

Bewegung ⟷ Musik: Die Kinder sitzen im Halbkreis. Becken, Handtrommel und Klanghölzchen sind auf die Kinder verteilt. Ein Kind tritt als „Bewegungsdirigent" vor das „Uhrenorchester" und dirigiert mit folgenden Bewegungen:

Im Stehen hin- und herpendeln →	Turmuhr →	Becken
Klatschen →	Kleine Uhr →	Handtrommel
Laufen am Platz →	Armbanduhr →	Klanghölzchen

Die Kinder reagieren mit ihrem Instrument auf die entsprechende Bewegung.

Bewegungsspiel mit Fortbewegungsarten: Herbstspaziergang

Musik ⟷ Bewegung: Die Lehrerin improvisiert am Klavier, Blockflöte oder Orff-Instrumenten zu den Fortbewegungsarten Gehen, Laufen und Hüpfen. Die Kinder bewegen sich dazu. Rhythmus und Tempo werden in großmotorische Bewegungen umgesetzt. Dies erfordert von den Kindern aufmerksames Hören und rasches Umschalten in ihrer Bewegung. Gleichzeitig wird die Raumwahrnehmung gefördert.

Sprachspiel

Die Koordination von Sprechen und Bewegen ist für die Entwicklung der Kinder bedeutend. Die Sprache setzt sich aus rhythmischen, melodischen und dynamischen Elementen zusammen. In rhythmischen Sprachspielen lernen die Kinder mit Artikulation (kurz – lang), Dynamik (laut – leise) und Sprechtempo zu experimentieren.
Die eigene Stimme wird in ihrer vielfältigen Ausdrucksform erlebt.

Aufgabenbeispiel aus dem Vers „In Bimbelbom"

Sabine Hirler/Edith Penz

Die Kinder stehen im Kreis, sprechen den Vers und führen die Bewegungen aus.

I:DING-DONG	2 X STAMPFEN.
TICK-TACK	2 X KLATSCHEN.
DIGGI-DIGGI,	4 X ABWECHSELND AUF DIE OBERSCHENKEL PATSCHEN.
DONG:I	KLATSCH.

Verse

Vers in Kleinmotorik

Die Lehrerin spricht mit den Kindern den Vers. Die kleinmotorischen Gesten werden stets gleichzeitig zum gesprochenen Vers am Platz ausgeführt und durch mehrmaliges Wiederholen gelernt. Der Vers wird entweder durch Klatschen im Sprechrhythmus begleitet oder durch Handgesten inhaltlich dargestellt.

Aufgabenbeispiel: Kaminfeuer

Edith Penz

FLICKER, FLACKER, FEUERLEIN,	HÄNDE ALS „ZÜNGELNDE FLAMMEN".
WARME HÄNDE, DAS IST FEIN.	SICH DIE HÄNDE REIBEN.
FLICKER, FLACKER, GEH' NICHT AUS,	HÄNDE ALS „ZÜNGELNDE FLAMMEN".
SONST IST ES SO KALT IM HAUS.	SICH ZUSAMMENKAUERN.

Vers in Großmotorik

Die Lehrerin spricht mit den Kindern den Vers. Die großmotorischen Bewegungen werden gleichzeitig im Raum ausgeführt und durch mehrmaliges Wiederholen gelernt.

Aufgabenbeispiel: Die Katze

Sabine Hirler/Edith Penz

II: DIE KATZE SCHLEICHT UND SCHLEICHT,	AUF ALLEN VIEREN SCHLEICHEN.
SIE SETZT DIE TATZEN LEICHT.:II	
SIE ROLLT SICH EIN,	SICH KLEIN MACHEN.
MACHT SICH GANZ KLEIN.	

Lieder

Das Singen von Liedern in kindgerechter Tonalität (F-Dur/D-Dur) schult das Gehör und entwickelt die Singstimme. Die Kinder lernen die dreiteilige Liedform (ABA) und weitere musikalische Formen, z. B. Rondoform (ABACAD) und deren Variationen kennen.

Lied in Kleinmotorik/in Großmotorik

Die Lehrerin singt mit den Kindern das Lied. Die klein- oder großmotorischen Gesten und Bewegungen werden gleichzeitig zum Lied ausgeführt und durch mehrmaliges Wiederholen gelernt.

Aufgabenbeispiel:
Der freche Amadeus

→ Lieder S. 58

Lied als Tanz

Die Lehrerin singt mit den Kindern das Lied. Gemeinsam wird mit elementaren Tanzschritten (Geh-, Hüpf- und Laufschritte/kleine Sprünge) eine einfache Tanzform gestaltet.

Aufgabenbeispiel:
Das Menuett der Mäuse

→ Lieder S. 61

Instrumentalspiel/Klangimprovisation

Im Instrumentalspiel mit Orff-Instrumenten und afrikanischen Instrumenten lernen die Kinder deren Klangeigenschaften, wie Klangfarbe, Klangdauer und Klanghöhe kennen und bewusst zu unterscheiden. Verschiedene Schlagtechniken, wie Parallel- und Wechselschlag, werden auf Stabspielen und Schlaginstrumenten geübt. In Stimm- und Klangimprovisationen experimentieren und improvisieren die Kinder zu einem bestimmten Thema (z. B. Regentropfenkonzert) mit Klängen und Geräuschen. Die Improvisation führt zur gemeinsamen kreativen Gestaltung.

Übergang

Der Übergang als Rate- oder Ordnungsspiel verknüpft die einzelnen Aufgabenangebote innerhalb einer Rhythmikstunde und ist für einen harmonischen Stundenablauf wichtig.
Ordnungsspiele beinhalten das Austeilen bzw. Einsammeln von Material/Spielgeräten/Instrumenten. Mit Spannung und Neugierde erwarten die Kinder das neue Material oder Instrument. Aufmerksamkeit und Konzenration sind gefordert. Eine bloße Aneinanderreihung verschiedener Aufgaben widerspricht dem rhythmischen Stundenverlauf im Wechselspiel von Ruhe und Bewegung.

Übergang, Instrumente austeilen: Ertönt eine Cymbel, öffnen die Kinder die Augen.

Ruhephase

In der Ruhephase erleben die Kinder nach aktiven und motorischen Bewegungsphasen den Gegenpol der Passivität und Entspannung.
Der Unterrichtende entscheidet über den sinnvollen Zeitpunkt einer Ruhephase. Die Ruhephase kann unterschiedlich gestaltet werden.

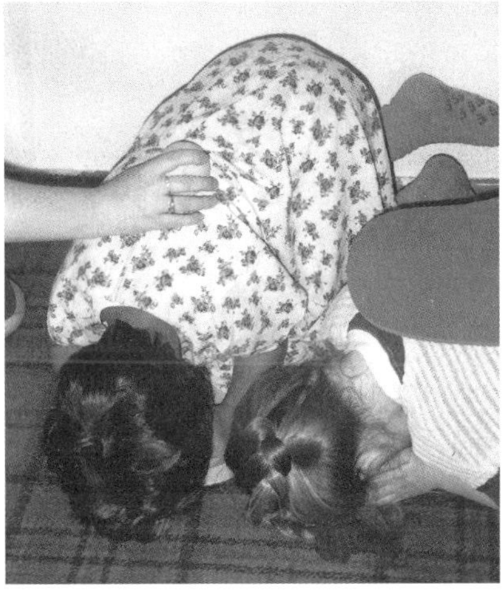

Ruhephase: Tennisball am Rücken rollen

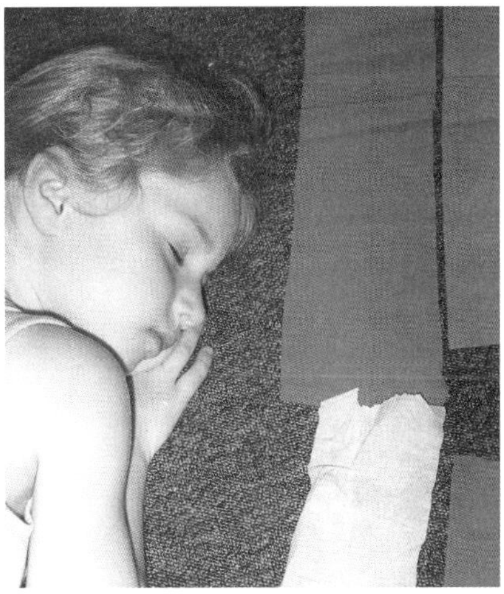

Sich entspannen

Beispiele:

- Verbal: Fantasiereise
- Taktil: Tennisball am Rücken rollen
- Auditiv: Ruhemelodie summen, singen oder instrumental

Experimentierphase und Kreatives Gestalten mit Material / Spielgerät / Instrument

Im freien Spiel erfinden und entdecken die Kinder verschiedene Spielformen und lernen die Eigengesetzlichkeiten von Material und Spielgeräten (Ball, Reifen, Holzstab, Tücher usw.) kennen.
Die Kreativität und Fantasie werden gefördert. Durch das kreative Gestalten entwickeln die Kinder ein Gefühl für Formen (Kreis, Dreieck, Stern usw.). Beim gemeinsamen Gestalten lernt jedes Kind sich mit seiner Idee in die Gruppe einzubringen.

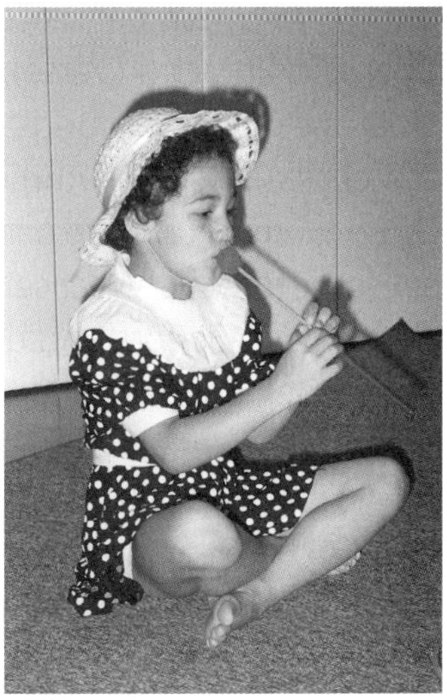

Schlägel als Flöte

Experimentieren mit Tüchern

Darstellendes Spiel

Die Kinder schlüpfen gern in Rollen aus der Fantasie- und Geschichtenwelt. Den Spaß und die Freude am Verwandlungs- und Rollenspiel mit Spielrequisiten bringen die Kinder in die Rhythmikstunde ein.

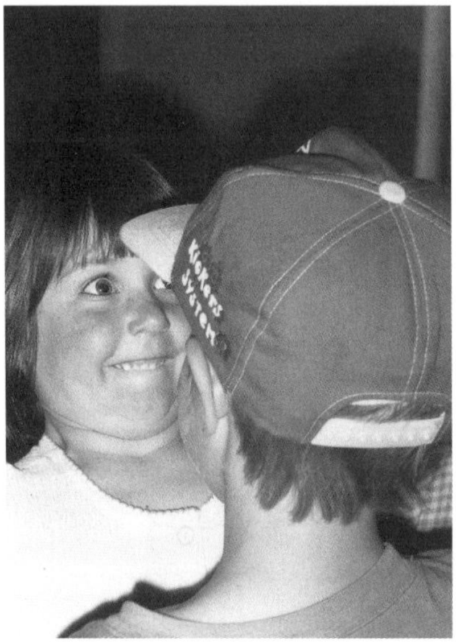

Darstellendes Spiel: Spaßmacher

Fortbewegungsarten

Die Rhythmik als ganzheitlich orientierte Pädagogik vermittelt Grunderfahrungen in Musik, Sprache und Bewegung. Die charakteristischen Bewegungsrhythmen der Fortbewegungsarten werden vom Unterrichtenden über die Sprache (Verse), sowie über die Musik (Instrumente) vermittelt. Über die Fortbewegungsarten erfahren die Kinder die musikalischen Parameter der Musik: Rhythmus, Tempo, Artikulation und Dynamik.
Diese werden unmittelbar in großmotorische Bewegungen umgesetzt. Das sensomotorische Wechselspiel von Hören und Bewegen führt zur Sensibilisierung des Gehörs und der Körperwahrnehmung.
Die Kinder lernen, ihre Bewegungen mit der Musik oder Sprache zu koordinieren.

Die Fortbewegungsarten der Spielkomplexe

- Gehen
- Laufen
- Hüpfen
- Galoppieren
- Schwingen

Fortbewegungsart Gehen

Rhythmische Sprachgestaltung

Die charakteristische Sprechweise und das Tempo der Musik ist dem Gehen der Kinder entsprechend heiter und zügig:

Vers

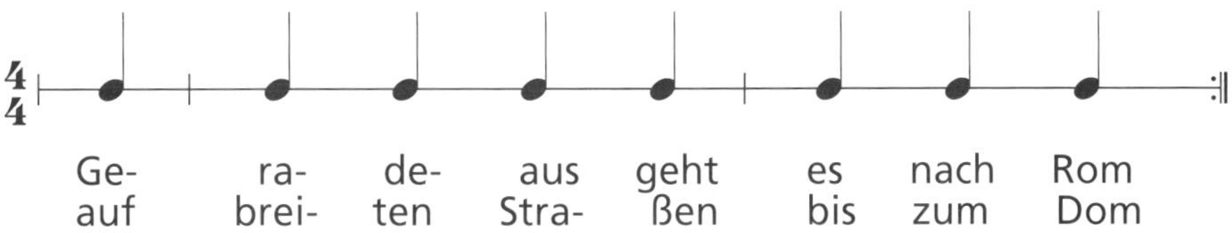

- Begleitung mit Schlaginstrumenten

Den Vers sprechen und gleichzeitig mit Schlaginstrumenten (Handtrommel, Klanghölzchen) begleiten.

- Improvisation mit Klangbausteinen

Den Vers sprechen und gleichzeitig auf pentatonischen Klangbausteinen (Töne d, e, g, a, c) improvisieren.

- Improvisation mit Instrumenten

Zum Vers eine Gehmusik am Klavier, auf der Blockflöte oder mit dem Xylophon improvisieren.

Musikbeispiel: Spazierengehn

→ Notenanhang S. 28

Fortbewegungsart Laufen

Rhythmische Sprachgestaltung

Die charakteristische Sprechweise und das Tempo der Musik ist dem Laufen der Kinder entsprechend lebendig und rasch.

Vers

- Begleitung mit Schlaginstrumenten

Den Vers sprechen und gleichzeitig mit Schlaginstrumenten (Handtrommel, Klanghölzchen) begleiten.

- Improvisation mit Klangbausteinen

Den Vers sprechen und gleichzeitig auf pentatonischen Klangbausteinen (Töne d, e, g, a, c) improvisieren.

- Improvisation mit Instrumenten

Zum Vers eine Laufmusik am Klavier, Blockflöte oder Xylophon improvisieren.

Musikbeispiel: Lauf' geschwind

→ Notenanhang S. 30

Fortbewegungsart Hüpfen

Rhythmische Sprachgestaltung

Die charakteristische Sprechweise und das Tempo der Musik ist dem Hüpfen der Kinder entsprechend heiter und rasch.

Vers

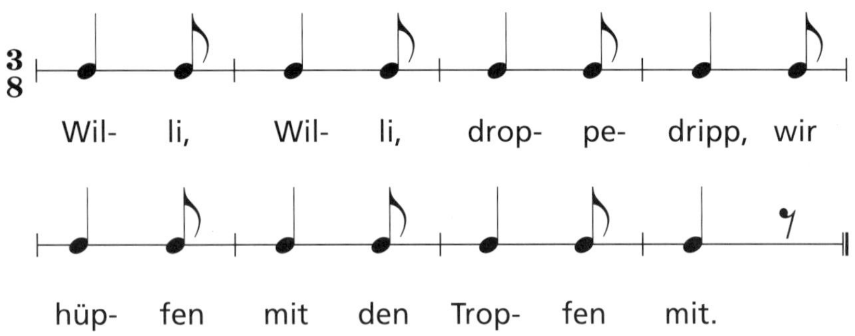

- Begleitung mit Schlaginstrumenten

Den Vers sprechen und gleichzeitig mit Schlaginstrumenten (Handtrommel, Klanghölzchen) begleiten.

- Improvisation mit Klangbausteinen

Den Vers sprechen und gleichzeitig auf pentatonischen Klangbausteinen (Töne d, e, g, a, c) improvisieren.

- Improvisation mit Instrumenten

Zum Vers eine Hüpfmusik am Klavier, Blockflöte oder Xylophon improvisieren.

Musikbeispiel: Hüpfmusik

→ Notenanhang S. 29

Fortbewegungsart Galoppieren

Rhythmische Sprachgestaltung

Die charakteristische Sprechweise und das Tempo der Musik ist dem Galoppieren entsprechend lebendig und dynamisch.

Vers

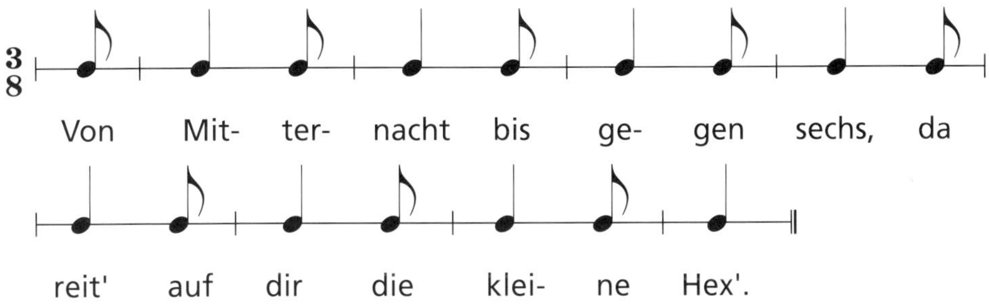

- Begleitung mit Schlaginstrumenten

Den Vers sprechen und gleichzeitig mit Schlaginstrumenten (Handtrommel, Klanghölzchen) begleiten.

- Improvisation mit Klangbausteinen

Den Vers sprechen und gleichzeitig auf pentatonischen Klangbausteinen (Töne d, e, g, a, c) improvisieren.

- Improvisation mit Instrumenten

Zum Vers eine Galoppmusik am Klavier, Blockflöte oder Xylophon improvisieren.

Musikbeispiel: Vom Hexenreiten

→ Notenanhang S. 31

Bewegungsart Schwingen

Rhythmische Sprachgestaltung

Die charakteristische Sprech- und Spielweise des Schwingens (Hin- und Herwiegen/Pendeln) ist weich und fließend.

Vers

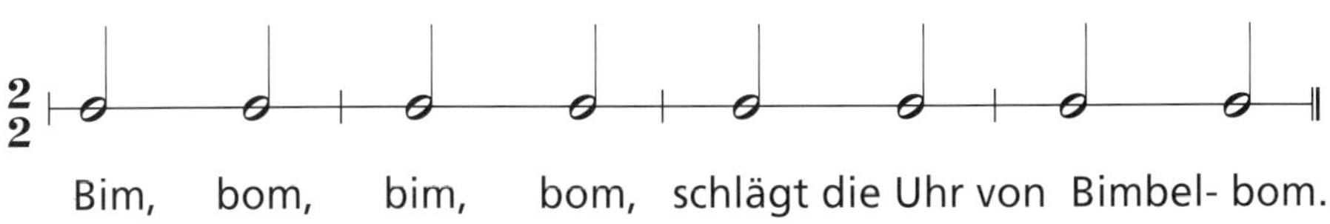

Begleitung mit Schlaginstrumenten
Den Vers sprechen und gleichzeitig mit Schlaginstrumenten (Handtrommel, Klanghölzchen) begleiten.

Improvisation mit Klangbausteinen
Den Vers sprechen und gleichzeitig auf pentatonischen Klangbausteinen (Töne d, e, g, a, c) improvisieren.

Improvisation mit Instrumenten
Zum Vers am Klavier, auf der Blockflöte oder mit dem Xylophon improvisieren.

Improvisation mit Klangbausteinen

Musikbeispiel: Das Uhrenpendel

→ Notenanhang S. 31

Spazierengehn 1

Edith Penz

Spazierengehn 2

Sabine Hirler

♩ = 144-160

Hüpfmusik

Edith Penz

♩ = 104-108

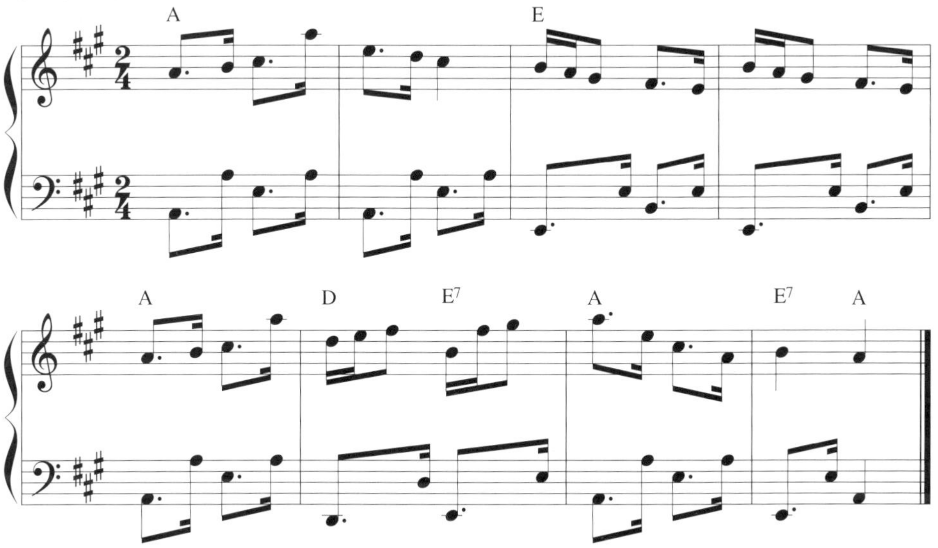

Lauf' geschwind 1

Edith Penz

Lauf' geschwind 2

Sabine Hirler

Das Uhrenpendel (Schwingen)

Edith Penz

Vom Hexenreiten (Galoppieren)

Edith Penz

DER REGENBOGENFISCH

Stundenbild 1: Im Meer

Stundenbild 2: Die Glitzerschuppen

DER REGENBOGENFISCH

Im Meer

Einstimmung

→ Einstimmung S. 14

Fingerspiel: Krake Krükolos

→ Fingerspiel S. 39

Lauschen an der großen Meeresmuschel

Übergang: Das Meer und die Meeresmuschel

Die Kinder sitzen im Kreis. Die Lehrerin spricht mit den Kindern über das Meer und die Meerestiere. Anschließend lauschen die Kinder an einer großen Meeresmuschel dem Meeresrauschen.

Bewegungsspiel: Die Meerestiere

Die Kinder bewegen sich im Raum („Meer") als Fisch, Seepferdchen, Tintenfisch, Krabbe usw. und führen deren charakteristischen Bewegungen aus.

Variante:

Ein Kind bewegt sich z. B. als Krabbe auf allen Vieren rückwärts, die anderen ahmen die Bewegung gleichzeitig nach.

Bilderbuch: Der Regenbogenfisch

Die Lehrerin liest die Geschichte „Der Regenbogenfisch" vor.

→ Material:
Der Regenbogenfisch.
Marcus Pfister.
Nord-Süd-Verlag

Lied: Der Regenbogenfisch

- Lied in Kleinmotorik

→ Lieder S. 39

Der Regenbogenfisch

Große und kleine Krabben

Auditives Wahrnehmungsspiel: Kleine und große Wellen
Die Lehrerin improvisiert kleine und große Wellen auf dem Klavier/ Metallophon (Glissandi) oder Becken (crescendo/decrescendo). Die Kinder bewegen sich als „Wellen" im Raum („Meer") dazu.

Variante: Ein Kind spielt auf dem Instrument.

Experimentierphase und Klangimprovisation: Wellenmusik
Die Kinder sitzen im Kreis. Metallophon, Glockenspiel, Cymbel, Becken, Triangel, Rainmaker und Rasseln sind auf die Kinder verteilt.

- Experimentierphase: Alle improvisieren auf ihrem Instrument „Wellenmusik". Dann spielt jedes Kind seine „Wellenmusik" vor.
- Klangimprovisation: Die Kinder sitzen mit ihrem Instrument verteilt im Raum. Ein Kind geht als „Dirigent" herum und gibt einem Kind nach dem anderen durch Antippen (Schulter) den Spieleinsatz. Solange „Wellenmusik" improvisieren, bis alle Instrumente an der Improvisation dabei sind. Werden die Kinder dann zum zweiten Mal angetippt, hören sie auf zu spielen.

Rollentausch.

Ruhephase
Die Kinder liegen mit geschlossenen Augen am Boden. Die Lehrerin streicht mit einem Tuch über die Kinder („Welle").

Übergang als Verwandlungsspiel: Der Regenbogenfisch
Die Lehrerin verwandelt ein Kind mit Tüchern (Glitzerschuppen) in den Regenbogenfisch. Auf ein Signal (Fingercymbel) öffnen alle die Augen.

Lied: Der Regenbogenfisch

→ Lieder S. 41

- Glitzerschuppenspiel mit Tuch

Unterwasser-Spiel (Reaktionsspiel)
Ein Kind legt sich auf den Rücken. Während die Lehrerin auf den Becken „Wellenmusik" spielt, wird das am Boden liegende Kind von den anderen mit Tüchern zugedeckt. Ertönt der Schlussakzent, ziehen alle ihr Tuch rasch weg.

Rollentausch

Variante: Ein Kind spielt das Becken.

Kreatives Gestalten mit Tüchern
Die Kinder legen gemeinsam den Regenbogenfisch, einen Seestern oder Oktopus auf den Boden.

Verabschiedung

DER REGENBOGENFISCH

Die Glitzerschuppen

Einstimmung

→ Einstimmung S. 14

Fingerspiel: Krake Krükolos

→ Fingerspiel S. 39

Übergang als Ratespiel: Wellenmusik

Die Kinder sitzen mit geschlossenen Augen im Kreis. Die Lehrerin improvisiert auf dem Metallophon oder Glockenspiel „Wellenmusik" (Glissandi). Die Kinder raten.

Auditives Wahrnehmungsspiel: Wellen und Fische

Die Lehrerin improvisiert auf dem Metallophon („Wellen") und Glockenspiel („Fische"). Die Kinder reagieren auf die Klänge mit folgenden Bewegungen im Raum:

Auditives Wahrnehmungsspiel

Wellen → Laufen und Wellenbewegungen mit den Armen darstellen.
Kleine Fische → Laufen und mit den Händen schwimmende Fische darstellen.

Variante:
Zwei Kinder spielen die Instrumente, die anderen bewegen sich dazu.

Bilderbuch: Der Regenbogenfisch

Die Lehrerin wiederholt die Geschichte.

Lied: Der Regenbogenfisch

→ Lieder S. 42

- Lied in Kleinmotorik
- Lied mit Instrumenten

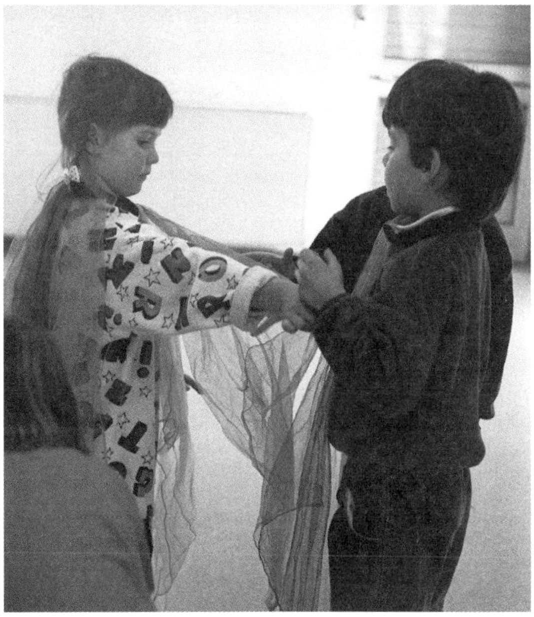
Der Regenbogenfisch – Austeilen der Glitzerschuppen

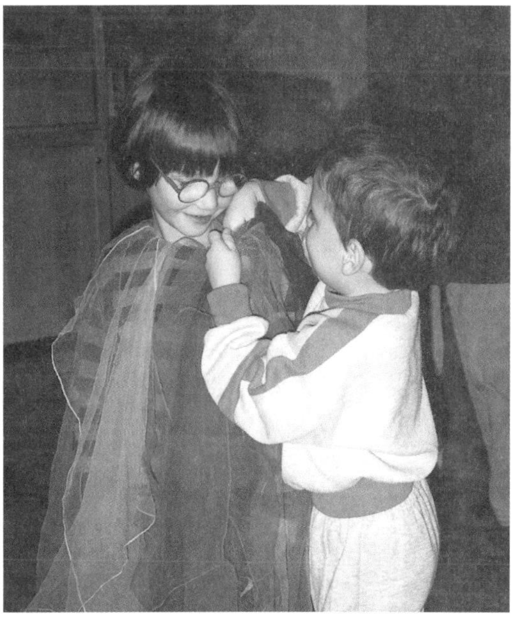
Verwandlung in den Regenbogenfisch

DER REGENBOGENFISCH

Klangimprovisation: Meeresrauschen – Meerestosen – Meeresstille

Die Kinder sitzen im Kreis. Metallophon, Cymbel, Becken, Triangel, Rainmaker, Glockenspiel und Rasseln sind auf die Kinder verteilt. Die Lehrerin führt verbal die gemeinsame Improvisation:
Leise rauscht das Meer. Wind kommt auf. Die Wellen werden immer größer und das Meer beginnt, lauter zu brausen. Das Meer braust, tost und schäumt. Die Wellen klatschen laut zusammen. Allmählich beruhigt sich das Meer und die Wellen werden immer kleiner. Das Meer ist glatt und still.

Übergang als Ordnungsspiel: Instrumente einsammeln

Die Lehrerin zwinkert jedem Kind zu. Daraufhin legt es sein Instrument in die Kreismitte.

Reaktionsspiel: Fische fangen

Reaktionsspiel: Fische fangen

Die Kinder sitzen im engen Kreis am Boden. Die Hände bewegen sich als „kleine Fische" mit flinken Bewegungen im „Meer" (Innenkreis). Ein Kind versucht mit seinen Händen einen „kleinen Fisch" zu schnappen.

Variante:

Mehrere Kinder versuchen gleichzeitig die anderen kleinen Fische zu schnappen.

Ruhephase

Die Kinder liegen mit geschlossenen Augen am Boden. Die Lehrerin spielt auf der Blockflöte oder dem Metallophon eine Ruhemelodie. Dann legt sie jedem Kind eine Raschelfolie (30 cm x 30 cm) als „Glitzerschuppe" auf den Rücken. Ertönt ein Signal auf der Fingercymbel, öffnen die Kinder die Augen.

DER REGENBOGENFISCH

Experimentierphase mit Raschelfolie

Experimentierphase mit Raschelfolie

- Am Platz: Meeresrauschen
- Im Raum: Experimentieren mit der Raschelfolie als „Glitzerschuppe"

Führen und Folgen mit Raschelfolie

Die Kinder stehen im Kreis und halten die Folie in der Hand. Ein Kind zeigt seine Idee mit der Folie. Die anderen ahmen dies gleichzeitig nach. Dann führt ein anderes Kind.

Übergang Ein Meer aus Raschelfolie

Die Kinder sitzen im Kreis und legen gemeinsam mit ihren Raschelfolien ein „Meer" in die Mitte. Die Lehrerin stellt das Spiel „Geräusche-Memory" hinein.

Geräusche-Memory „Meer"

Ratespiel: Geräusche-Memory „Meer"

Jeweils zwei Filmdöschen sind mit dem gleichen Inhalt gefüllt. Beispiele: Sand, Muscheln, Steine, Wasser und Sand, Perlen.

Spieldurchführung: Die Fotodöschen stehen in der Mitte verteilt. Ein Kind sucht sich ein Fotodöschen aus, schüttelt es und stellt es zurück. Dann schüttelt es ein zweites. Hören sich die Geräusche gleich an, darf es beide Fotodöschen behalten. Reihum.

Geräusche vergleichen

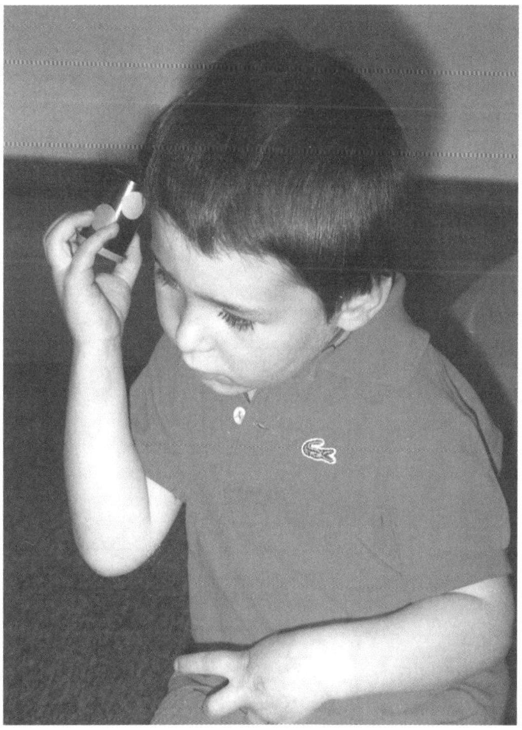

Geräusche hören

Verabschiedung

DER REGENBOGENFISCH

Sensomotorische Wahrnehmungsspiele

Visuelles Wahrnehmungsspiel: Wellen und Fische
Bewegung – Musik

Die Kinder sitzen im Halbkreis. Metallophone und Glockenspiele sind auf die Kinder verteilt. Ein Kind tritt als „Bewegungsdirigent" vor die Gruppe und gibt mit folgenden Bewegungen die Spieleinsätze:

Wellenbewegung mit den Armen → Metallophon
Kleine Fische mit den Händen darstellen → Glockenspiel

Die Kinder reagieren mit ihrem Instrument auf die entsprechende Bewegung.

Rollentausch

Auditives Wahrnehmungsspiel: Die Meerestiere
Musik – Bewegung

Die Kinder stehen in drei Gruppen als „Walfische", „Krebse" und „Delphine" im Raum. Drei Kinder haben Instrumente für die verschiedenen Tiere.

Walfisch → großes Becken
Krebs → Klanghölzchen
Delphin → Metallophon

Ein viertes Kind gibt durch Antippen (Schulter) eines Instrumentalisten die Spieleinsätze. Ein erstes Antippen bedeutet „beginne das Spiel", ein zweites Antippen bedeutet „beende das Spiel". Ertönt z. B. das große Becken, bewegt sich die Gruppe der „Walfische" im Raum. Ertönen die Klanghölzchen, bewegen sich die „Krebse", beim Metallophon die „Delphine".

Rollentausch

Variante als visuelles Wahrnehmungsspiel:
Ein Kind bewegt sich als Walfisch. Das Kind mit dem Becken reagiert und begleitet gleichzeitig die Bewegung. Ein anderes bewegt sich z. B. als Krebs, das Kind mit Klanghölzchen begleitet.

Musik hören und bewegen

Camille Saint-Saens: „Aquarium" aus dem Karneval der Tiere
Die Kinder hören und erkennen unterschiedliche musikalische Elemente und bewegen sich z. B. als hin- und herschlängelnde Wasserpflanzen, tanzende Luftbläschen, glitzernde Sonnenstrahlen und flinke Fische.

Variante mit Nylontücher:
Die Kinder bewegen sich mit Tüchern zur Musik.

Der Regenbogenfisch

Krake Krükolos

Sabine Hirler

Ich bin die Krake Krükolos und wohn' im weiten Meer. Mit meinen langen Beinen schwimm ich sehr weit umher.	Rechte Hand ahmt die Krake nach (Faust in rhythmischer Pulsation öffnen und schließen).
Schw - schschww - schw-schw-schw.	Mit der Stimme begleiten,
Oh, da kommt sie - Nikilos, die nette Krakenfrau.	Handgeste mit der linken Hand.
Zusammen schwimmen wir jetzt los in unsern Krakenbau.	Handgeste mit beiden Händen.
Schw - schschww - schw-schw-schw.	Mit der Stimme begleiten,
Ein großes Knäuel sind wir jetzt mit uns'ren langen Beinen. Gemütlich machen wir es uns	Handflächen aneinander legen, dann die Finger umschlingen.
und wollen endlich träumen.	Handbewegung anhalten.
Schw - schschww.	Mit der Stimme begleiten.

Der Regenbogenfisch

Text und Melodie:
Sabine Hirler

Klaviersatz: Der Regenbogenfisch

→ Notenanhang S. 43

Der Regenbogenfisch

Lied in Kleinmotorik

Das Lied singen und die Gesten am Platz ausführen.

1. Strophe

Im weiten, weiten Meer,	Mit den Händen „schwimmende
da lebt ein ganz besondrer Fisch.	Fische" darstellen.
Er glitzert bunt im Meer,	
es ist der Regenbogenfisch.	
Regenbogenfisch,	3 x klatschen.
du bist der Allerschönste hier.	Sich stolz hin- und herdrehen.
Regenbogenfisch	3 x klatschen.
alle bewundern dich.	Sich stolz hin- und herdrehen.

2. Strophe

Doch keiner spielt mit ihm,	Hände als „Fische".
weil er so geizig ist und stolz.	
Was nützt ihm seine Pracht,	
wenn er dabei nicht glücklich ist.	
Regenbogenfisch,	3 x klatschen.
komm' teil' die Glitzerschuppen aus.	Imaginäre Glitzerschuppen. austeilen.
Regenbogenfisch,	3 x klatschen.
dann bist du nicht allein.	Kinder fassen sich an den Händen.

3. Strophe

Der Regenbogenfisch,	Hände als „Fische".
er hört auf Oktopuses Rat.	
Teilt Glitzerschuppen aus	Imaginäre Glitzerschuppen austeilen.
und alle Fische freuen sich.	
Regenbogenfisch,	3 x klatschen.
du lebst nicht mehr allein im Meer.	Hände als „Fische".
Regenbogenfisch,	3 x klatschen.
die andern mögen dich.	Kinder fassen sich an den Händen.

Der Regenbogenfisch

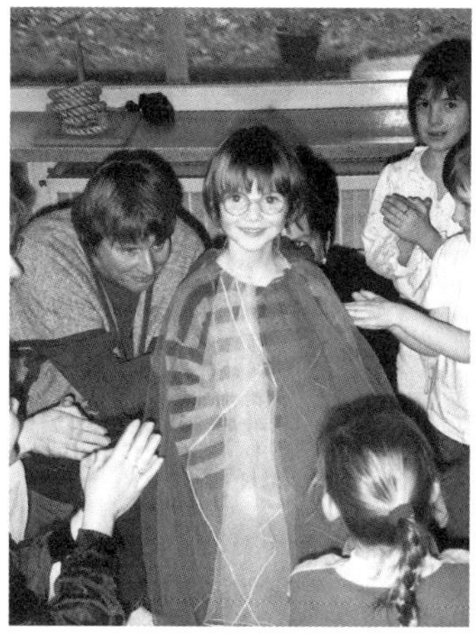

Lied als Glitzerschuppenspiel mit Tuch

Das Lied singen und die Bewegungsform im Raum ausführen.
Die Kinder stehen im Kreis. Ein Kind steht als „Regenbogenfisch" in der Mitte und ist mit „Glitzerschuppen" (Tücher) geschmückt.

1. Strophe

Im weiten, weiten Meer, da lebt ein ganz besondrer Fisch. Er glitzert bunt im Meer, es ist der Regenbogenfisch.	Kinder gehen im Kreis und stellen mit den Händen „schwimmende Fische" dar.
Regenbogenfisch, du bist der Allerschönste hier. Regenbogenfisch alle bewundern dich.	Kinder gehen zur Mitte und umschwärmen den „Regenbogenfisch".

2. Strophe

Doch keiner spielt mit ihm, weil er so geizig ist und stolz. Was nützt ihm seine Pracht, wenn er dabei nicht glücklich ist.	Alle wenden sich vom „Regenbogenfisch" ab.
Regenbogenfisch, komm' teil' die Glitzerschuppen aus. Regenbogenfisch, dann bist du nicht allein.	Der „Regenbogenfisch" beginnt die Glitzerschuppen auszuteilen.

3. Strophe

Der Regenbogenfisch, er hört auf Oktopuses Rat. Teilt Glitzerschuppen aus und alle Fische freuen sich.	Weiteres Austeilen der Glitzerschuppen.
Regenbogenfisch, du lebst nicht mehr allein im Meer. Regenbogenfisch, die andern mögen dich.	Alle fassen sich an den Händen und gehen im Kreis.

Variante:
Die Lehrerin spielt das Lied am Klavier oder auf der Blockflöte.

DER REGENBOGENFISCH

Lied mit Instrumenten

Die Kinder sitzen im Kreis am Boden. Metallophon, Metallophon-Klangstäbe (Töne f, a, c), Glockenspiel und Triangel sind auf die Kinder verteilt.

1. Strophe

IM WEITEN, WEITEN MEER,	GLISSANDI AUF METALLOPHON UND GLOCKENSPIEL
DA LEBT EIN GANZ BESONDRER FISCH.	
ER GLITZERT BUNT IM MEER,	
ES IST DER REGENBOGENFISCH.	
REGENBOGENFISCH,	TRIANGEL 3 X ANSCHLAGEN
DU BIST DER ALLERSCHÖNSTE HIER.	TRIANGEL-TREMOLO
REGENBOGENFISCH	TRIANGEL 3 X ANSCHLAGEN
ALLE BEWUNDERN DICH.	TRIANGEL-TREMOLO

Alle Strophen haben die gleiche Instrumentalbegleitung.

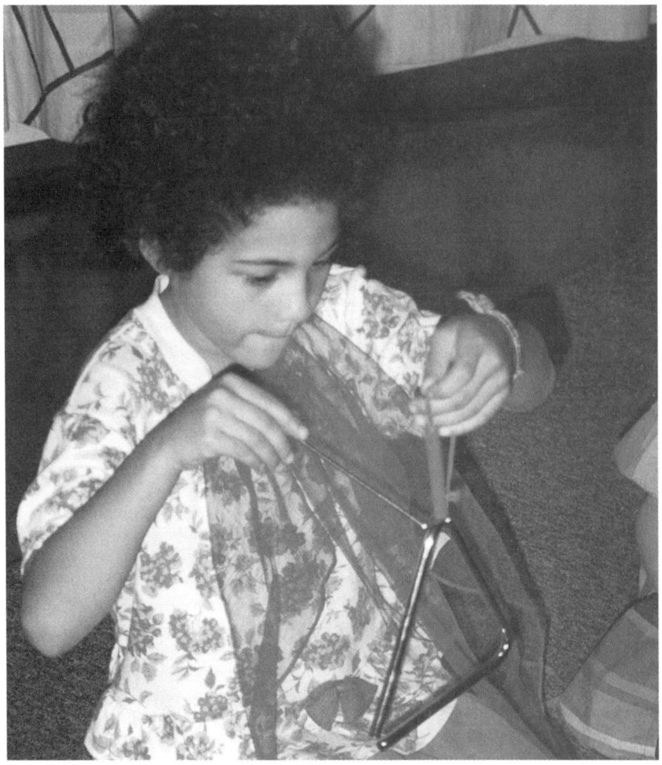

Das Hören der Glitzerschuppen

DER REGENBOGENFISCH

Klaviersatz: Der Regenbogenfisch

Sabine Hirler
Satz: Edith Penz

KATZE, LIEBE KATZE

Stundenbild 1: Der freche Amadeus

Stundenbild 2: Die verliebte Maus

Stundenbild 3: Amadeus und die Katze sind Freunde

Stundenbild 4: Rhythmikstunde für Kinder mit Eltern

KATZE, LIEBE KATZE

Der freche Amadeus

Einstimmung

→ Einstimmung S. 14

Fingerspiel: Kommt die Maus aus ihrem Haus

→ Fingerspiel S. 55

Übergang als Ratespiel: Die Mäuse

Die Kinder sitzen im Kreis. Die Lehrerin spielt das schnelle Trippeln der „Mäuse" auf den Klanghölzchen. Die Kinder raten.

Vers: Trippel, trappel Mäuselein.

→ Verse S. 56

- Vers in Großmotorik
- Vers in Kleinmotorik mit Klanghölzchen
- Vers in Großmotorik mit Klanghölzchen

Trippel, trappel Mäuselein, mit Klanghölzchen als Partnerspiel

Übergang als Ordnungsspiel: Klanghölzchen einsammeln

Die Lehrerin legt eine Handtrommel in die Raummitte. Kinder stehen mit geschlossenen Augen im Raum. Die Lehrerin streicht einem Kind über den Rücken. Daraufhin öffnet es die Augen und legt die Klanghölzchen in die Handtrommel. Wiederholen, bis alle Instrumente abgelegt sind.

Bilderbuch: Katze, liebe Katze

Die Lehrerin liest bis „Ich werde zu ihr gehen und ihr alles erklären".

→ Material: Katze, liebe Katze.
Wilhelm Topsch.
Friedrich Oetinger Verlag

KATZE, LIEBE KATZE

Lied: Der freche Amadeus

→ Lieder S. 57

- Lied in Klein- und Großmotorik
- Lied als Bewegungsspiel mit Reifen

Bewegungsspiel: Mause-Fange (Reaktionsspiel)

Die Lehrerin spielt auf der Handtrommel zum Laufen der „Mäuse". Die Kinder laufen als „Mäuse" im Raum. Ein Kind sitzt als „Katze" in einer Ecke. Endet das Trommelspiel, fängt sich die „Katze" eine „Maus".

Rollentausch.

Ruhephase

Die Kinder liegen mit geschlossenen Augen am Boden. Die Lehrerin improvisiert auf dem Metallophon das Schleichen der Katze.

Vers: Die Katze

→ Verse S. 57

- Vers in Großmotorik

Auditives Wahrnehmungsspiel: Katz' und Maus

Die Kinder stehen im Raum verteilt. Ein Kind hat Klanghölzchen oder Vierkanthölzer, ein zweites Kind hat eine Cymbel.

Klanghölzchen /Vierkanthölzer → Mäusetrippeln
Cymbel → Schleichen der Katze

Ein drittes Kind gibt durch Antippen (Schulter) eines Instrumentalisten die Spieleinsätze. Ein erstes Antippen bedeutet „beginne das Spiel", ein zweites Antippen bedeutet „beende das Spiel". Ertönt die Cymbel, bewegen sich die anderen als „Katzen" im Raum. Ertönen die Klanghölzchen, laufen sie als „Mäuse".

Variante:

Die Kinder stehen als „Katzen" und „Mäuse" in zwei Gruppen und reagieren auf die entsprechenden Klänge.

Lied: Der freche Amadeus

- Lied in Klein- und Großmotorik

Verabschiedung

KATZE, LIEBE KATZE

Die verliebte Maus

Einstimmung

→ Einstimmung S. 14

Fingerspiel: Kommt die Maus aus ihrem Haus

→ Fingerspiel S. 55

Übergang als Ratespiel: Katz' und Maus

Die Kinder sitzen im Kreis. Die Lehrerin spielt auf der Handtrommel das Mausetrippeln oder das Schleichen der Katze. Die Kinder raten.

Vers: Trippel, trappel Mäuselein, mit Klanghölzchen

→ Verse S. 56

- Vers in Kleinmotorik
- Vers in Großmotorik

„Sonst holt dich die Katz' mit einem Satz"

Bilderbuch: Katze, liebe Katze

Die Lehrerin liest bis „Da sah sie plötzlich rot: das Haus, die Laus und die Maus, alles war rot – blutrot."

Bewegungsspiel: Mause-Akrobatik

Die Kinder sind im Raum verteilt und üben als „Amadeus" folgende Kunststücke: Barthaarzucken, Schwanzakrobatik, Kapriolen und Arabesken. Dann stellt jedes Kind sein „Kunststück" allein vor, die anderen ahmen nach.

Lied: Menuett der Mäuse

→ Lieder S. 61

- Lied als Tanz

KATZE, LIEBE KATZE

Ruhephase und Übergang als Ordnungsspiel: Rote Nylontücher austeilen

Die Kinder liegen mit geschlossenen Augen am Boden. Die Lehrerin legt über jedes Kind ein rotes Tuch. Ertönt ein Signal (Fingercymbel), öffnen die Kinder die Augen.

Bewegungsspiel: Der verliebte Amadeus (Reaktionsspiel)

Die Kinder legen sich das rote Nylontuch über den Kopf und spazieren als „verliebter Amadeus" im Raum. Die Lehrerin gibt folgende Signale auf der Handtrommel:

Fingertremolo	→	allein spazieren gehen
2 x anschlagen	→	zu zweit spazieren gehen
3 x anschlagen	→	zu dritt spazieren gehen

Übergang als Ordnungsspiel: Nylontücher einsammeln

Die Kinder sitzen im Kreis. Die Lehrerin zwinkert jedem Kind zu. Daraufhin legt es sein Tuch in die Kreismitte.

Lied: Der freche Amadeus

→ Lieder S. 57

- Lied in Klein- und Großmotorik
- Lied als Bewegungsspiel mit Klanghölzchen

Verabschiedung

KATZE, LIEBE KATZE

Amadeus und die Katze sind Freunde

Begrüßung durch die Handpuppe „Purzel"

Einstimmung

→ Einstimmung S. 14

Fingerspiel: Kommt die Maus aus ihrem Haus

→ Fingerspiel S. 55

Übergang als Ratespiel: Der freche Amadeus

Die Kinder sitzen im Kreis. Die Lehrerin führt die Gesten zum Lied „Der freche Amadeus" aus, ohne mitzusingen. Die Kinder raten.

Lied: Der freche Amadeus

→ Lieder S. 57

- Lied in Klein- und Großmotorik
- Lied als Bewegungsspiel mit Klanghölzchen
- Lied mit Instrumenten

Vers: Die Katze

→ Verse S. 57

- Vers in Großmotorik

Bilderbuch: Katze, liebe Katze

Die Lehrerin liest bis „... knüpfte eine feste Leine daraus und band die Katze damit an einem Baum fest".

KATZE, LIEBE KATZE

Bewegungsspiel: Mausefalle (Reaktionsspiel)
Die Lehrerin spielt auf den Klanghölzchen oder auf Vierkanthölzer zum Laufen der „Mäuse". Die Kinder laufen als „Mäuse" im Raum.
Ertönt das Signal (Hölzchen längs aneinander schlagen = Zuschnappen der Mausefalle), machen sich alle „Mäuse" klein.

Variante:
Ein Kind hat Klanghölzchen oder Vierkanthölzer und gibt das Signal. Daraufhin laufen alle z. B. in eine bestimmte Raumecke.

Lied: Schlaflied für die Katze
→ Lieder S. 62

- Lied in Kleinmotorik

Darstellendes Spiel: Amadeus, Maulwurf und Unke
Drei Kinder spielen den Dialog zwischen Amadeus-Maulwurf und Amadeus-Unke.

Rollentausch.

Visuelles Wahrnehmungsspiel: Das „tierische" Orchester
Die Kinder sitzen im Halbkreis. Klanghölzchen, Schellentambourin, Handtrommel, Guiro oder Raspel und Vibra Slap sind auf die Kinder verteilt. Ein Kind tritt als „Bewegungsdirigent" vor das Orchester und dirigiert mit folgenden Bewegungen:

Laufen am Platz	→	Mäusetrippeln	→	Klanghölzchen
Hüpfen im Raum	→	Amadeus hüpft	→	Schellentambourin
Schleichen	→	Katze schleicht	→	Handtrommel
In der Erde wühlen	→	Maulwurft gräbt	→	Guiro oder Raspel
Froschhüpfen	→	Unke unkt	→	Vibra Slap

Die Kinder reagieren mit ihrem Instrument auf die entsprechende Bewegung.

Rollentausch.

Bilderbuch: Katze, liebe Katze
Die Lehrerin liest die Geschichte zu Ende.

Klangimprovisation: Kleine Nachtmusik
Die Kinder sitzen im Kreis. Fingercymbeln, Cymbeln und Metallophon-Klangstäbe sind auf die Kinder verteilt. Die Lehrerin gibt durch Antippen die Spieleinsätze. Alle spielen leise Klänge.

Verabschiedung

KATZE, LIEBE KATZE

Rhythmikstunde für Kinder mit Eltern

Einstimmung

→ Einstimmung S. 14

Fingerspiel: Kommt die Maus aus ihrem Haus

→ Fingerspiel S. 55

Auditives Wahrnehmungsspiel: Katz' und Maus

→ Stundenbild 1 S. 45

Lied: Menuett der Mäuse

- Lied als Tanz

→ Lieder S. 62

Bilderbuch: Katze, liebe Katze

Die Lehrerin wiederholt die Geschichte.

Vers: Trippel, trappel Mäuselein

- Vers in Klein-und Großmotorik

→ Verse S. 56

Übergang: Klanghölzchen austeilen

„Kleine Mäuse" und „große Katzen"

Vers: Trippel, trappel Mäuselein mit Klanghölzchen

- Vers in Kleinmotorik (Mutter/Vater mit Kind)

→ Verse S. 56

Bewegungsspiel zum Vers: Trippel, trappel Mäuselein

Die Kinder sprechen den Vers und begleiten den Sprechrhythmus auf den Klanghölzchen. Die Eltern bewegen sich als „Mäuse" dazu. Am Ende des Verses bleiben alle stehen.

Rollentausch.

KATZE, LIEBE KATZE

Bewegungsspiel zum Vers: Trippel, trappel Mäuselein

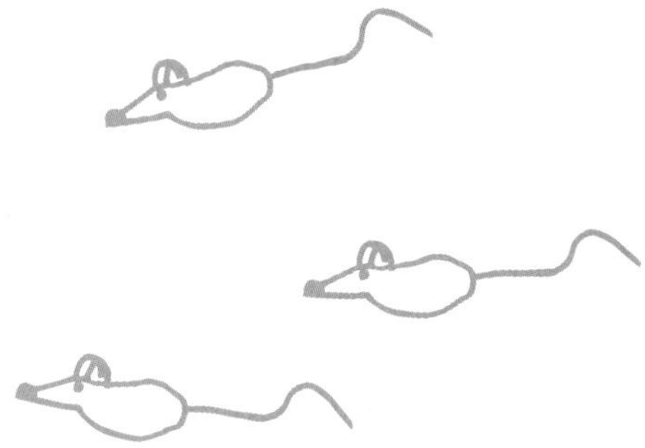

Ruhephase

Die Kinder ruhen sich als „Mäuse" bei ihrer/m Mutter/Vater aus.

Ruhephase: Die Kinder ruhen sich als „Mäuse" bei ihrer/m Mutter/Vater aus.

Übergang: Austeilen der Spielrequisiten

Mauseohren aus schwarzem Papierfilz und Mäuseschwänze aus Krepppapier.

Lied: Der freche Amadeus mit Spielrequisiten

→ Lieder S. 57

- Lied in Klein-und Großmotorik

Verabschiedung

KATZE, LIEBE KATZE

Vers: Trippel, trappel Mäuselein mit Handtrommel

→ Verse S. 56

Die Kinder sitzen im Kreis am Boden und haben eine Handtrommel vor sich liegen.

Trippel, trappel Mäuselein,	Abwechselnd mit dem Zeige- und Mittelfinger der rechten Hand im Sprechrhythmus spielen.
Ach, wie bist du gar so klein.	Dasselbe mit der linken Hand.
Trippel, trappel kleine Maus,	Mit rechts.
holst den Käse dir im Haus.	Mit links.
Trippel, trappel ohne Ruh',	Mit rechts.
läufst du weiter immerzu.	Mit links.
Trippel, trappel gib' nur acht,	Mit beiden Händen.
sonst holt dich die Katz' –	Spannungspause.
mit einem Satz!	Bei „Satz" Akzent mit beiden Händen.

Taktiles Wahrnehmungsspiel mit Vers: Trippel, trappel Mäuselein

Die Kinder sitzen im Kreis hintereinander. Den Vers sprechen und den Sprechrhythmus mit den Händen oder Klanghölzchen auf den Rücken klopfen.

Variante: Die Kinder sitzen paarweise hintereinander.

Ratespiel: Katz' und Maus

Hören: Die Kinder sitzen mit geschlossenen Augen im Kreis. Die Lehrerin spielt auf verschiedenen Instrumenten musikalische Motive aus dem Spielkomplex. Die Kinder raten.

Xylophon: Lied „Der freche Amadeus" (Takt 1 und 2)	→	Der freche Amadeus
Klanghölzchen: Rasches Lauftempo	→	Mäusetrippeln
Schellentambourin: Hüpfrhythmus	→	Der Amadeus hüpft
Handtrommel: Streichen über das Fell	→	Schleichen der Katze
Metallophon: Wiegerhythmus	→	Schlaflied für die Katze

Fühlen: Die Kinder sitzen mit geschlossenen Augen im Kreis und neigen ihre Oberkörper nach vorne. Die Lehrerin führt auf dem Rücken der Kinder folgende Bewegungen aus. Die Kinder raten.

Leichtes Kratzen	→	Katzenkrallen
Leichtes Streichen	→	Sammetpfote
Fingertremolo	→	Mäusetrippeln
Mit beiden Händen im Hüpfrhythmus	→	Der Amadeus hüpft

KATZE, LIEBE KATZE

Lied: Der freche Amadeus als Tanz

→ Lieder S. 57

Die Kinder stehen im Kreis mit Blick in Tanzrichtung.

Strophe

DER FRECHE AMADEUS,	LAUFEN IN TANZRICHTUNG.
SCHAUT HER, DENN DAS BIN ICH.	
EIN GRAUES FELL DAS HAB' ICH,	LAUFEN GEGEN TANZRICHTUNG.
ICH FRECHER MÄUSERICH.	

Refrain:

ICH HÜPF UND SING,	ZUR KREISMITTE HÜPFEN.
TRALLI-TRALLA,	
SO SCHNELL UND FLINK,	AUS DER KREISMITTE HÜPFEN.
TRALLI-TRALLA.	
ICH BIN DER AMADEUS,	STEHENBLEIBEN UND MIT DEN HÄNDEN
DER FRECHE MÄUSERICH.	MAUSEOHREN DARSTELLEN.

Jede Strophe hat die gleiche Tanzform.

Lied: Das Menuett der Mäuse als Polonaise

→ Lieder S. 61

Jeweils zwei Kinder nehmen sich an die Hand. Dann stellen sich die Paare hintereinander. Zum gesungenen Lied im Raum umhergehen. Das erste Paar gibt die Raumwege an und führt. Führungswechsel.

Variante:

Jeweils zwei Paare stehen hintereinander. Die Lehrerin spielt am Klavier oder auf der Blockflöte das Lied. Jede Vierer-Gruppe geht eigene Raumwege, das vordere Paar führt.

Variante:

Ertönt ein Signal (Triller), wechselt die Führungsrolle. Das hintere Paar geht nach vorn und führt.

Katze, liebe Katze

Kommt die Maus aus ihrem Haus

Sabine Hirler

Kommt die Maus aus ihrem Haus,	„Maus" (= Fingerspitzen der rechten Hand als Mauseschnäuzchen) sitzt in der linken Armbeuge,
schaut nach etwas Fressen aus.	Mit flinken, schnellen Bewegungen kommt die „Maus" heraus.
Schnuppert hier, schnuppert da, ob da nichts zu fressen wär.	„Maus" schnuppert auf dem linken Arm nach oben, schnuppert nach unten.
Klettert dann den Berg hinauf, hui, schon sitzt sie obendrauf	„Maus" läuft auf die linke Schulter.
Schnuppert hier, schnuppert da, ob da nichts zu fressen wär.	Siehe oben.
Klettert in das Tal hinab, über Felsen trippel-trapp.	„Maus" läuft nach unten.
Schnuppert hier, schnuppert da, ob da nichts zu fressen wär.	Siehe oben.
Findet hier ein Körnelein und ein kleines Nüsselein.	„Maus" macht Knabbergeräusche.
Doch dann wird sie müd' die Maus, und kehrt rasch zurück nach Haus.	„Maus" läuft in die linke Armbeuge zurück.

KATZE, LIEBE KATZE

Trippel, trappel Mäuselein

Sabine Hirler

Vers in Großmotorik

Den Vers sprechen und die Bewegungen im Raum ausführen
Die Lehrerin begleitet das Lauftempo mit Klanghölzchen.

TRIPPEL, TRAPPEL MÄUSELEIN,
ACH, WIE BIST DU GAR SO KLEIN.
TRIPPELSCHRITTE IM RAUM.

TRIPPEL, TRAPPEL KLEINE MAUS,
HOLST DEN KÄSE DIR IM HAUS.

TRIPPEL, TRAPPEL OHNE RUH',
LÄUFST DU WEITER IMMERZU.

TRIPPEL, TRAPPEL GIB' NUR ACHT,
IN DIE HOCKE GEHEN.
SONST HOLT DICH DIE KATZ' –
AUS DER HOCKE AUFSPRINGEN.
MIT EINEM SATZ!

Variante:
Nach jedem Satz (z. B. ... klein.) stehen bleiben, mit den Händen „Mauseohren" darstellen und lauschen.

Vers in Kleinmotorik mit Klanghölzchen

Die Kinder sitzen im Kreis mit Klanghölzchen.

TRIPPEL, TRAPPEL MÄUSELEIN,
ACH, WIE BIST DU GAR SO KLEIN.
IM SPRECHRHYTHMUS SPIELEN.

TRIPPEL, TRAPPEL KLEINE MAUS,
HOLST DEN KÄSE DIR IM HAUS.

TRIPPEL, TRAPPEL OHNE RUH',
LÄUFST DU WEITER IMMERZU.

TRIPPEL, TRAPPEL GIB' NUR ACHT,
NACH „ACHT" SPANNUNGSPAUSE.
SONST HOLT DICH DIE KATZ' –
MIT EINEM SATZ!
BEI „SATZ" AKZENT AUF DEN KLANGHÖLZCHEN.

Variante:
Nach jedem Satz (z. B. ... klein.) eine kurze Pause machen, und mit den Klanghölzchen „Mauseohren" darstellen.

KATZE, LIEBE KATZE

Die Katze

Sabine Hirler/Edith Penz

Vers in Großmotorik

Den Vers sprechen und die Bewegungen im Raum ausführen.

II: Die Katze schleicht und schleicht, sie setzt die Tatzen leicht.:II	Auf allen Vieren schleichen.
Sie rollt sich ein, macht sich ganz klein.	Sich klein machen.
Hat ausgeruht, das tat ihr gut.	Sich dehnen und strecken.
Dann streckt sie ihre Krallen aus und schaut nach einer kleinen Maus.	Krallen darstellen und sich umschauen.
Sie krallt sich fest im grünen Gras, ein Katzenbuckel – das macht Spaß.	Arme nach vorne schieben. Katzenbuckel machen.

Der freche Amadeus

Text und Melodie:
Sabine Hirler

Klaviersatz: Der freche Amadeus

→ Notenanhang S. 63

Katze, liebe Katze

• Lied in Klein-und Großmotorik

Die Kinder stehen im Kreis. Das Lied singen und die Gesten am Platz und im Raum ausführen.

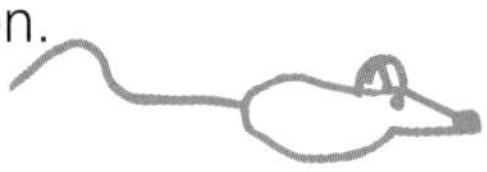

1. Strophe

Der freche Amadeus,	Mit den Händen Mauseohren darstellen.
schaut her, denn das bin ich	2 x klatschen und auf sich selbst zeigen.
Ein graues Fell das hab' ich,	Sich mit überkreuzten Armen die Schultern streicheln.
ich kleiner Mäuserich.	Hände als Mauseohren.

Refrain

Ich hüpf' und sing, tralli-tralla,	Am Platz hüpfen mit
so schnell und flink, tralli-tralla,	ganzer Drehung.
Ich bin der Amadeus,	Hände als Mauseohren.
der freche Mäuserich.	

2. Strophe

Ich hab ein langes Schwänzchen,	Mit der Hand ein Mauseschwänzchen andeuten.
das kringelt sich so fein.	
So wag ich heut' ein Tänzchen,	Kleine Tanzschritte am Platz.
dazu lad' ich euch ein.	Einladende Geste mit Verbeugung.

Refrain — Siehe oben.

3. Strophe

Und heut' sah ich die Katze	Auf allen Vieren zur Kreismitte schleichen.
mit ihrem roten Fell.	
Sie leckte sich die Tatze,	Die Hand als Tatze scheinbar „lecken"
doch ich war viel zu schnell.	Zum eigenen Platz zurücklaufen.

Refrain — Siehe oben.

4. Strophe

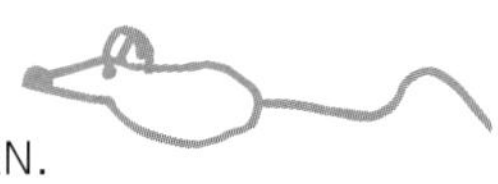

Hätt' sie nicht solche Krallen	Katzenkrallen zeigen.
fänd' ich sie wunderbar.	
Dann würd' ich ihr gefallen	Sich stolz hin- und herdrehen.
und bald wär'n wir ein Paar.	Zu zweit zusammen gehen.

Refrain — Im Paarkreis hüpfen.

Katze, liebe Katze

- **Lied als Bewegungsspiel mit Reifen**

Jedes Kind hat einen Reifen („Mauseloch"). Alle suchen sich einen Platz im Raum und stellen sich in das eigene „Mauseloch". Die Lehrerin spielt auf dem Klavier oder der Blockflöte das Lied. Die Kinder bewegen sich dazu.

1. Strophe

Der freche Amadeus, schaut her, denn das bin ich. Ein graues Fell das hab' ich, ich frecher Mäuserich.	Um die „Mauselöcher" herumgehen.

Refrain

Ich hüpf' und sing, tralli-tralla, so schnell und flink, tralli-tralla.	Hüpfen.
Ich bin der Amadeus der freche Mäuserich.	Rasch in das eigene oder fremde „Mauseloch" hineinspringen.

Variante:

Am Ende des Refrains zu zweit in ein „Mauseloch"hineinspringen.

- **Lied als Bewegungsspiel mit Klanghölzchen**

Die Kinder stehen mit den Klanghölzchen im Kreis.

1. Strophe

Der freche Amadeus, schaut her, denn das bin ich.	Am Platz Melodierhythmus spielen.
Ein graues Fell das hab' ich,	Klanghölzchen aneinanderstreichen.
ich frecher Mäuserich.	Melodierhythmus spielen.

Refrain

Ich hüpf und sing, tralli-tralla, so schnell und flink, tralli-tralla.	Im Raum hüpfen und Hüpfrhythmus spielen.
Ich bin der Amadeus, der freche Mäuserich.	Wieder am eigenen Kreisplatz stehen und Melodierhythmus spielen.

Katze, liebe Katze

2. Strophe

Ich hab' ein langes Schwänzchen,	Am Platz Melodierhythmus spielen.
das kringelt sich so fein.	Klanghölzchen spiralförmig bewegen.
So wag ich heut' ein Tänzchen,	Melodierhythmus spielen.
dazu lad' ich euch ein.	Einladende Geste mit Verbeugung.

Refrain *siehe 1. Strophe*

3. Strophe

Und heut' sah ich die Katze	Klanghölzchen aneinanderstreichen.
mit ihrem roten Fell.	
Sie leckte sich die Tatze,	Rasch aneinanderstreichen.
doch ich war viel zu schnell.	Rasch spielen.

Refrain *siehe 1. Strophe*

4. Strophe

Hätt' sie nicht solche Krallen	Enden der Klanghölzchen aneinanderklopfen.
fänd' ich sie wunderbar.	
Dann würd' ich ihr gefallen	Melodierhythmus spielen.
und bald wär'n wir ein Paar.	Arme überkreuzen.

Refrain *siehe 1. Strophe*

• Lied mit Instrumenten

Die Kinder sitzen im Kreis. Xylophon-Klangstäbe (Töne d, fis, a), Handtrommeln, Schellentambourin und Klanghölzchen sind auf die Kinder verteilt.

1. Strophe

Der freche Amadeus,	Xylophon-Klangstäbe und Handtrommel
schaut her, denn das bin ich.	im Melodierhythmus
Ein graues Fell das hab' ich,	über die Handtrommel streichen.
ich frecher Mäuserich.	Xylophon-Klangstäbe und Handtrommel im Melodierhythmus.

Refrain

Ich hüpf' und sing',	Schellentambourin und
tralli-tralla,	Klanghölzchen im Hüpfrhythmus.
so schnell und flink,	
tralli-tralla.	
Ich bin der Amadeus,	Alle Instrumente im
der freche Mäuserich.	Melodierhythmus.

Jede Strophe hat die gleiche Instrumentalbegleitung.

Klaviersatz: Windmühlentanz

Korrigierter
Notenanhang

Sabine Hirler/Edith Penz
Satz: Edith Penz
Seite 80

A: langsam

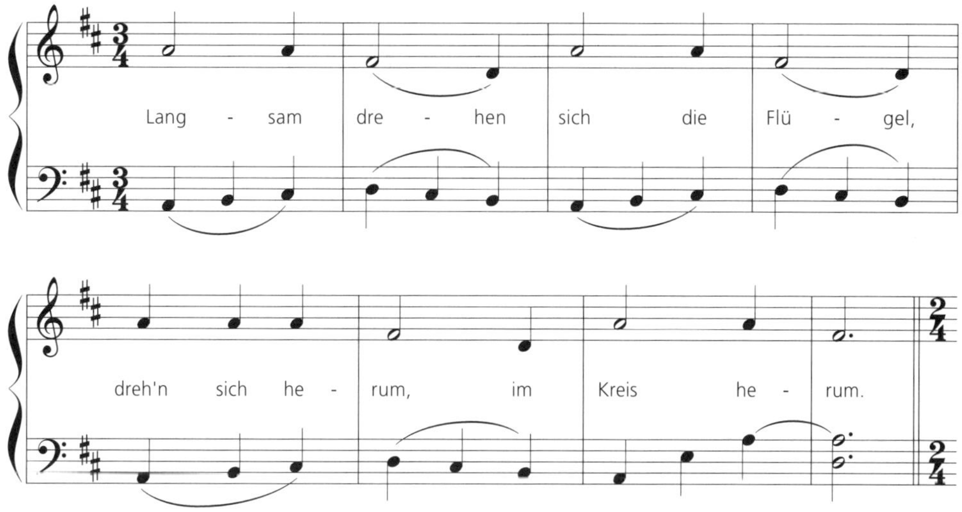

B: rhythmisch

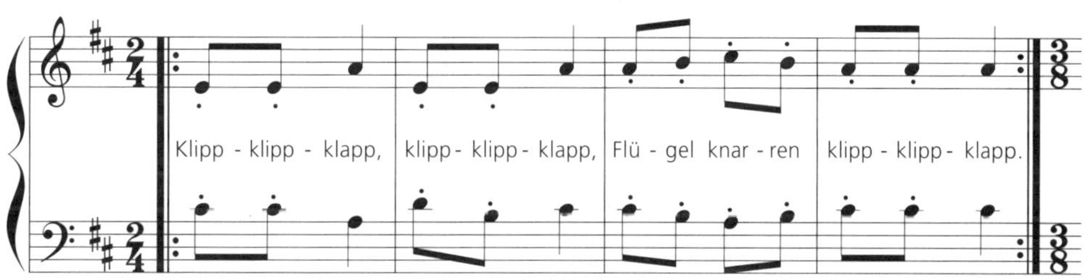

C: rasch

Korrigierter
Notenanhang

Spazierengehn 2

Sabine Hirler
Seite 29

Vom Hexenreiten (Galoppieren)

Edith Penz
Seite 31

Das Menuett der Mäuse

Sabine Hirler
Seite 61

Katze, liebe Katze

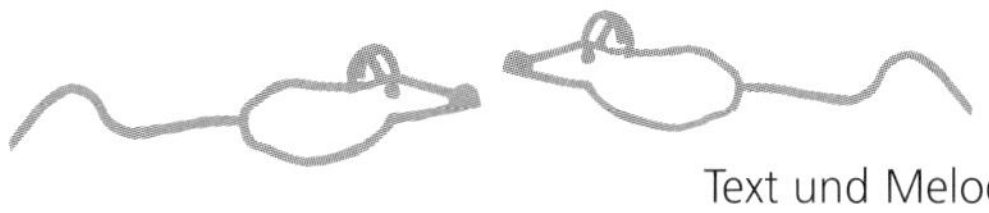

Das Menuett der Mäuse

Text und Melodie: Sabine Hirler

Klaviersatz: Das Menuett der Mäuse

→ Notenanhang S. 64

Lied als Tanz

Die Kinder stehen im Kreis paarweise gegenüber.

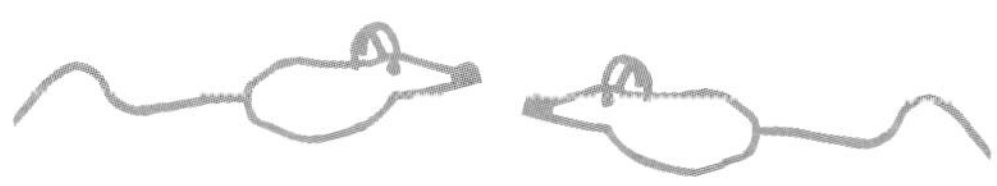

1. Strophe

Die Mäuse tanzen Menuett, das finden alle furchtbar nett.	Hin- und herwiegen und die Arme mitschwingen.
Sie reichen sich die Hand gar fein und drehen sich im Kerzenschein.	Paare reichen sich die Hände und drehen sich im Kreis.

2. Strophe

Sie wiegen sich im Schlummerlicht, die Katze kommt heut' sicher nicht. Die Mausedamen, Mauseherren, die hätten das jetzt gar nicht gern!	Paare legen die Hände auf die Schultern des Partners und wiegen gemeinsam hin und her.

3. Strophe

Sie drehen hurtig sich im Kreis	Paare drehen sich rasch im Kreis.
und bleiben stehen dann ganz leis'.	Stehen bleiben.
Und machen artig einen Knicks	Knicks und Verbeugung machen.
und huschen weg, schnell wie der Blitz.	Rasch und leise in ein „Mauseloch"(z. B. Raumecke) laufen.

KATZE, LIEBE KATZE

Schlaflied für die Katze

Text und Melodie: Sabine Hirler

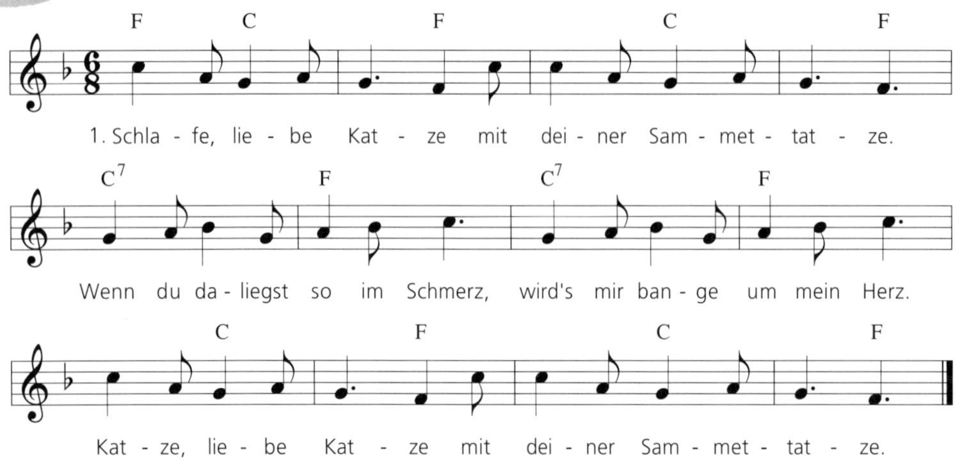

Lied in Kleinmotorik

Das Lied singen und sich zur Melodie hin- und herwiegen. Dabei die „Katze" streicheln.

1. Strophe

SCHLAFE LIEBE KATZE MIT DEINER SAMMETTATZE.
WENN DU DALIEGST SO IM SCHMERZ,
WIRD'S MIR BANGE UM MEIN HERZ.
KATZE, LIEBE KATZE MIT DEINER SAMMETTATZE.

2. Strophe

SCHLAFE LIEBE KATZE MIT DEINER SAMMETTATZE.
ALLE TIERE RATEN MIR,
FORTZUGEHEN, WEG VON DIR.
KATZE, LIEBE KATZE MIT DEINER SAMMETTATZE.

3. Strophe

SCHLAFE LIEBE KATZE MIT DEINER SAMMETTATZE.
BLEIBE BEI DIR STUND' UM STUND',
HOFFE DU WIRST BALD GESUND.
KATZE, LIEBE KATZE MIT DEINER SAMMETTATZE.

KATZE, LIEBE KATZE

Klaviersatz: Der freche Amadeus

Sabine Hirler
Satz: Edith Penz

KATZE, LIEBE KATZE

Klaviersatz: Das Menuett der Mäuse

Sabine Hirler
Satz: Edith Penz

DIE PFANNKUCHENMÜHLE

Stundenbild 1: Die Eicheln

Stundenbild 2: Kleine und große Mühle

PFANNKUCHENMÜHLE

DIE EICHELN

Einstimmung

→ Einstimmung S. 14

Fingerspiel: Tick und Tock im Sommer

→ Fingerspiel S. 72

Übergang als Ratespiel: Die Handmühle
Die Kinder sitzen mit geschlossenen Augen im Kreis. Die Lehrerin mahlt mit einer Handmühle (gefüllt mit Körnern oder Kaffeebohnen). Die Kinder erraten das Geräusch.

Experimentierphase mit Handmühle
Die Kinder sitzen im Kreis. Jedes Kind mahlt mit der Handmühle.

Geschichte: Die Pfannkuchenmühle
Die Lehrerin liest die Geschichte vor.

→ Geschichte S. 79

Auditives Wahrnehmungsspiel: Der Eichbaum wächst
Die Kinder liegen als kleine „Eicheln" am Boden. Die Lehrerin führt mit der Cymbel das Wachsen des Eichbaumes: Mit leisen Klängen beginnen und allmählich lauter und schneller werden (crescendo/accelerando). Die Kinder bewegen sich dazu und „wachsen" zu einem „großen Eichbaum". Mehrmals wiederholen.

Vers: Eicheln fallen
- Vers in Kleinmotorik
- Vers in Großmotork

→ Verse S. 73

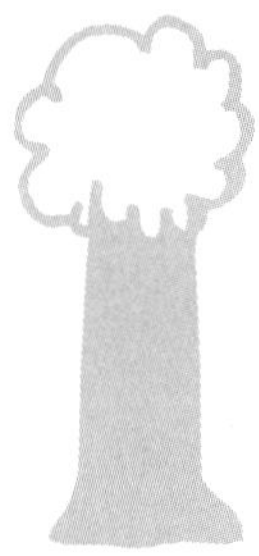

Übergang als Ordnungsspiel:
Handtrommel und Schlägel austeilen
Die Kinder sitzen im Kreis. Die Lehrerin hat eine Handtrommel vor sich am Boden liegen. Sie spricht den Versanfang (Ticke-tecke, ticke-tecke, ticke-tecke, tecke-pleck) und spielt den Sprechrhythmus auf der Handtrommel (mit zwei Schlägel im Wechselschlag) dazu. Die Kinder klatschen mit. Dann das Instrument mit Schlägel zum nächsten Kind nach rechts weitergeben. Die Lehrerin nimmt sich eine weitere Handtrommel, spricht wiederum den Versanfang und sie spielen zu zweit auf den Handtrommeln. Dann beide Handtrommeln nach rechts weitergeben. Wiederholen, bis jedes Kind ein Instrument hat.

Vers: Eicheln fallen
- Vers mit Handtrommel

→ Verse S. 85

PFANNKUCHENMÜHLE

Bewegungsspiel: Eicheln fallen vom Baum (Reaktionsspiel)
Die Lehrerin improvisiert am Klavier zur Fortbewegungsart Laufen. Die Kinder bewegen sich dazu. Ertönt ein Signal (lauter Akkord), gehen alle rasch in die Hocke.

Variante:
Die Lehrerin oder ein Kind spielt zum Laufen auf der Handtrommel.

Visuelles Wahrnehmungsspiel: Eicheln fallen
Die Kinder laufen im Raum. Ein vorher bestimmtes Kind geht rasch in die Hocke, die anderen ahmen dies gleichzeitig nach. Mehrmals wiederholen.

Rollentausch.

Ruhephase
Die Kinder liegen mit geschlossenen Augen am Boden. Die Lehrerin spielt auf der Blockflöte oder Metallophon eine Ruhemelodie.

Lied: Mahle Mühle, Mühle mahl'

→ Lieder S. 74

- Lied in Kleinmotorik
- Lied in Großmotorik
- Lied als Tanz
- Lied mit Instrumenten

Vers: Der Hahn

→ Verse S. 74

- Vers in Großmotorik
- Vers-Variante

Kreatives Gestalten: Die Mühle
Die Kinder legen gemeinsam mit Klangstäben und Schlägel eine Mühle auf den Boden.

Verabschiedung

PFANNKUCHENMÜHLE

Kleine und große Mühle

Einstimmung

→ Einstimmung S. 14

Fingerspiel: Tick und Tock im Sommer

→ Fingerspiel S. 72

Bewegungsspiel: Spaziergang im Eichenwald (Reaktionsspiel)

Die Lehrerin improvisiert am Klavier oder auf der Blockflöte zu den Fortbewegungsarten Gehen und Hüpfen. Die Kinder bewegen sich dazu. Hören sie das rhythmische Motiv des Verses „Eicheln fallen", gehen sie rasch in die Hocke. Hören sie das musikalische Anfangsmotiv des Liedes „Mahle Mühle, Mühle mahl'", bleiben sie stehen und „mahlen mit der Handmühle" (Handgeste).

Lied: Mahle Mühle, Mühle mahl'

→ Lieder S. 74

- Lied in Großmotorik

Auditives Wahrnehmungsspiel: Der Eichbaum wächst

→ Stundenbild 1 S. 66

Vers: Eicheln fallen

→ Verse S. 73

- Vers in Kleinmotorik
- Vers in Großmotorik
- Vers mit Xylophon-Klangstäben

Taktiles Wahrnehmungsspiel: Eicheln fallen

Die Kinder sitzen paarweise hintereinander. Ein Kind hat Xylophon-Klangstäbe mit Schlägel vor sich. Das andere klopft mit zwei Schlägel „fallende Eicheln" auf den Rücken. Solange auf dem Xylophon spielen, wie man „Eicheln" am Rücken spürt.

Eicheln fallen auf den Kopf

Rollentausch.

Bewegungsspiel: Laufen im Wald (Reaktionsspiel)

Die Lehrerin improvisiert auf der Handtrommel zum Laufen. Die Kinder bewegen sich dazu. Ertönt ein lautes Signal (Akzent), machen sich alle so klein wie eine „Eichel". Mehrmals wiederholen.

Variante:

Ein Kind spielt die Handtrommel.

Auditives Wahrnehmungsspiel: Eicheln rollen

Die Lehrerin improvisiert auf der Blockflöte zur Bewegung Rollen. Kinder rollen am Boden. Endet ihr Spiel, bleiben alle ruhig liegen.

Pfannkuchenmühle

Ruhephase

Die Kinder liegen mit geschlossenen Augen am Boden. Die Lehrerin macht mit einem Raschelstab „Windgeräusche". Dann legt sie für jedes Kind zwei Raschelstäbe in die Mitte. Ertönt die Fingercymbel, öffnen die Kinder die Augen.

Übergang als Ordnungsspiel: Raschelstäbe austeilen

Die Kinder stehen verteilt im Raum. Die Lehrerin hat zwei Raschelstäbe. Sie spricht den Text des Liedes „Windmühlentanz": „Langsam drehen sich die Flügel, drehn sich herum, im Kreis herum" und bewegt gleichzeitig die Arme als „große Windmühlenflügel" (Gegenbewegung). Die Kinder ahmen die Bewegung nach. Dann deutet sie mit dem Raschelstab auf ein Kind, das sich zwei Raschelstäbe aus der Mitte holt. Wiederholen, bis jedes Kind Raschelstäbe hat.

Lied: Windmühlentanz

→ Lieder S. 77

- Lied als Tanz mit Raschelstab
- Lied mit Instrumenten

Visuelles Wahrnehmungsspiel: Handmühle und Windmühle

Die Kinder sitzen im Halbkreis. Handtrommel, Klanghölzchen und Raschelstäbe sind auf die Kinder verteilt. Ein Kind tritt als „Bewegungsdirigent" vor die Gruppe und gibt mit folgenden Bewegungen die Spieleinsätze.

Handmühlenbewegung (Mahlen)	→	Kreisbewegung auf der Handtrommel.
Armbewegung der „großen Windmühlenflügel"	→	Armbewegung mit Raschelstäben.
Beide Zeigefinger klopfen den Rhythmus von „Klipp-klipp-klapp"	→	Klanghölzchen.

Die Kinder reagieren mit ihrem Instrument auf die entsprechende Bewegung.

Rollentausch.

Ratespiel und Experimentierphase: Die goldene Handmühle

Die Kinder sitzen im Kreis. Die Lehrerin stellt eine in Goldfolie eingewickelte Handmühle in die Mitte. Die Kinder raten. Alle packen die Handmühle aus und entdecken in Goldfolie eingewickelte „Überraschungen" (z. B. Kekse). Dann setzen sich die Kinder paarweise gegenüber. Ein Kind hält die Handmühle fest, das andere mahlt die Körner. Die Handmühle zum nächsten Paar weitergeben. Zum Abschluss bekommt jedes Kind eine „Überraschung".

Experimentierphase:
Die goldene Handmühle

Verabschiedung

PFANNKUCHENMÜHLE

Sensomotorische Wahrnehmungsspiele

• Auditives Wahrnehmungsspiel: Mühlen drehen sich
Die Kinder stehen im Raum verteilt. Ein Kind hat einen Metallophon-Klangstab (Bass) oder Becken, ein zweites Kind hat einen Metallophon-Klangstab (Sopran).

Bass-Metallophon → Große Windmühlenbewegung mit den Armen (Gegenbewegung).

Sopran-Metallophon → Kleine Mühlenbewegung (Unterarme kreisen umeinander).

Ein drittes Kind gibt durch Antippen (Schulter) eines Instrumentalisten die Spieleinsätze. Ein erstes Antippen bedeutet „beginne das Spiel", ein zweites Antippen bedeutet „beende das Spiel". Die anderen reagieren auf die Klänge mit der entsprechenden Bewegung.

Rollentausch.

• Führen und Folgen: Langsame und schnelle Mühlen
Die Kinder sitzen im Halbkreis. Jedes Kind hat eine Handtrommel. Ein Kind dreht sich als langsame oder schnelle Mühle im Raum. Die anderen begleiten die Bewegung auf der Handtrommel (Kreisen auf dem Fell).

Rollentausch.

Variante:
Das Bewegungstempo variieren. Langsam beginnen und schneller werden (accelerando) oder schnell beginnen und langsamer werden (ritardando).

Reaktionsspiel: Die Handmühle dreht sich

Die Kinder stehen als „große Handmühlen" im Raum. Dabei einen Arm als Handkurbel waagerecht zur Seite strecken, den anderen Arm auf den Rücken legen. Alle „Handmühlen" drehen sich am Platz (ganze Drehung). Ertönt ein Signal (Akzent auf der Holzblocktrommel), drehen sich die „Handmühlen" in die andere Richtung.

Rollentausch.

Auditives Wahrnehmungsspiel mit Vers: Die Mühle dreht sich

Die Kinder stehen im Raum verteilt. Die Lehrerin spricht folgenden Vers und bewegt gleichzeitig die Arme als „große Windmühlenflügel" (Gegenbewegung). Die Kinder ahmen nach.

PFANNKUCHENMÜHLE

Hinweis:
Den Vers langsam beginnen und allmählich schneller werden. Dann wieder langsamer werden. Das Sprechtempo entspricht dem Bewegungstempo.

Vers: Die Mühle dreht sich

Sabine Hirler/Edith Penz

LANGSAM DREHEN SICH DIE FLÜGEL,
LANGSAM, LANGSAM RUNDHERUM.

II: DREH'N SICH SCHNELLER, SCHNELL IM KREISE,
SCHNELLER, SCHNELLER, RUNDHERUM. :II

WERDEN LANGSAM, WIEDER LANGSAM
LANGSAM, LANGSAM,
BLEIBEN STEHN.

Variante:
Jedes Kind führt die Bewegungen mit zwei Raschelstäben aus.

Anmerkung:
Die Tempoveränderungen werden über die Sprache und Bewegung erfahren. Die Kinder erleben das Schnellerwerden (accelerando) und das Langsamerwerden (ritardando).

Lied: Mahle Mühle, Mühle mahl' mit Raschelstab

Die Kinder stehen im Kreis. Jedes Kind hat einen Raschelstab.

1. Strophe

MAHLE MÜHLE, MÜHLE MAHL'	RASCHELSTAB ZEIGT NACH UNTEN. DREHBEWEGUNGEN AUS DEM HANDGELENK RECHTS HERUM.
PFANNENKUCHEN VIELE MAL.	LINKS HERUM.
UND PASTETEN ACH SO FEIN,	RECHTS.
MÜHLE, LASS' UNS NIE ALLEIN.	LINKS.
KIKERIKI!	MIT DEM NACHBARKIND EINEN HAHNENKAMM DARSTELLEN (RASCHELSTÄBE ÜBERKREUZ).

Die 2. Strophe hat die gleiche Bewegungsform.

Pfannkuchenmühle

Fingerspiel: Tick und Tock im Sommer

Sabine Hirler/Edith Penz

Tick und Tock die beiden Wichte,	Fäuste nebeneinander in Brusthöhe halten.
schlafen noch bei Tageslichte.	Daumen sind versteckt. Rechter Daumen = Tick. Linker Daumen = Tock.
Doch dann werden sie geweckt,	Bei „geweckt" beide Daumen rasch senkrecht strecken.
von Sonnenstrahlen frech und keck.	Arme nach oben führen, dabei die Finger spreizen (= Sonnenstrahlen).
Laufen auf die Wies' hinaus	Gegenläufige Auf- und Abbewegung der Fäuste in Brusthöhe. Daumen senkrecht.
und schauen nach dem Sommer aus.	Ausschau halten.
Die Sonne scheint auf's ganze Land,	Arme beschreiben einen großen Kreis (= Sonne) in Gegenbewegung.
da nehmen sie sich an die Hand.	Daumen überkreuz.
Tanzen nun im Sonnenlicht, das sich in den Bäumen bricht.	Abwechselnd überkreuzen.

Tanzlied

Tanzlied singen und die Daumen hin-und herwiegen.

Müde sind nun beide Wichte, nach dem Tanz im Sonnenlichte.	Daumen aneinander lehnen.
Gehen nun zurück nach Haus und ruhen sich vom Tanzen aus.	Leichte, gegenläufige Auf- und Abbewegungen der Fäuste. Daumen verschwinden in den Fäusten.

Pfannkuchenmühle

Eicheln fallen

Edith Penz

Vers in Kleinmotorik

Den Vers sprechen und die Gesten am Platz ausführen.

Ticke-tecke,	Sprechrhythmus mit den Fäusten oder Fingerknöcheln
ticke-tecke,	abwechselnd auf den Boden klopfen.
ticke-tecke,	
tecke-pleck.	Bei „pleck“ mit beiden Fäusten oder
	Fingerknöcheln gleichzeitig klopfen.
Alle Eicheln	Abwechselnd klopfen.
fallen in den Dreck!	Bei „Dreck“ gleichzeitig.

Vers in Großmotorik

Den Vers sprechen und die Bewegungen im Raum ausführen.

Ticke-tecke,	Kleine Laufschritte im Raum.
ticke-tecke,	
ticke-tecke,	
tecke-pleck.	Bei „pleck“ Schlusssprung.
Alle Eicheln	Laufen.
fallen in den Dreck!	Bei „Dreck“ Schlusssprung.

Variante:
Die Kinder begleiten den Sprechrhythmus mit Klanghölzchen.

Vers mit Handtrommel

Die Kinder sitzen im Kreis auf dem Boden. Jedes Kind hat eine Handtrommel und zwei Schlägel vor sich liegen.

Ticke-tecke,	Sprechrhythmus im Wechselschlag.
ticke-tecke,	
ticke-tecke,	
tecke-pleck.	Bei „pleck“ Akzent mit beiden Schlägel.
Alle Eicheln	Im Wechselschlag.
fallen in den Dreck!	Bei „Dreck“ Akzent.

Vers mit Xylophon-Klangstäben

Die Kinder sitzen im Kreis. Jedes Kind hat einen Xylophon-Klangstab (Töne c, d, e, g, a) und zwei Schlägel vor sich. Spielweise: siehe Vers mit Handtrommel.

Variante:
Verschiedene Holzschlaginstrumente z. B. Holzblocktrommel, Holzröhrentrommel, Schlitztrommel und Klanghölzchen sind auf die Kinder verteilt.

Pfannkuchenmühle

Der Hahn

Edith Penz

• Vers in Großmotorik

Den Vers sprechen und die Bewegungen im Raum ausführen

„... und schaut wie heut' das Wetter ist."

Der gold'ne Hahn stolziert, **der gold'ne Hahn stolziert.** **Der Hahn stolziert auf seinem Mist**	Als „Hahn" im Raum umherstolzieren.
und schaut wie heut' das Wetter ist.	Auf einem Bein stehenbleiben. Dabei bilden die Hände auf dem Kopf einen Hahnenkamm.

Vers-Variante:

Alle sprechen den Vers und bewegen sich als „Hahn" dazu. Ein Kind begleitet das Stolzieren auf der Cymbel. Am Versende bleiben alle solange auf einem Bein stehen, bis der Klang nicht mehr zu hören ist.

Mahle Mühle, Mühle mahl'

Text und Melodie: Edith Penz

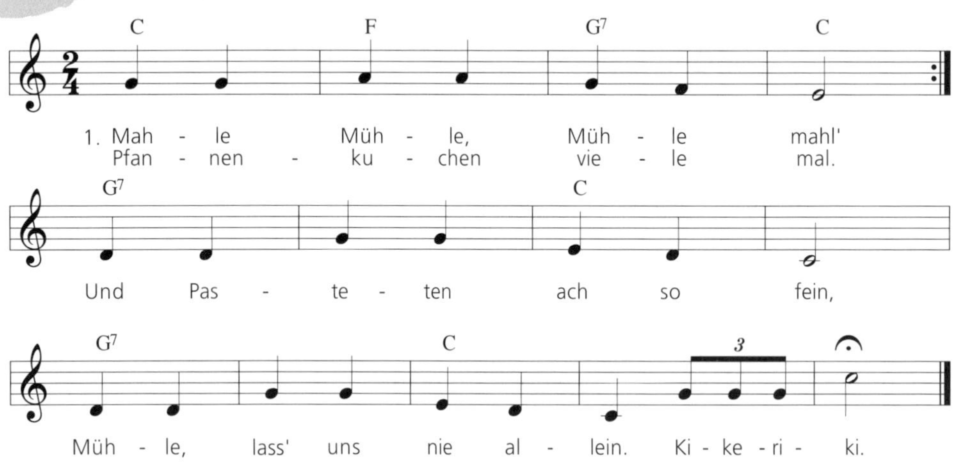

Klaviersatz: Mahle Mühle, Mühle mahl'

Notenanhang S. 81

• Lied in Kleinmotorik

Das Lied singen und die Gesten am Platz ausführen.

1. Strophe

Mahle Mühle, Mühle mahl'	Die Kurbel einer imaginären Handmühle nach rechts drehen (= Handmühlenbewegung).
Pfannenkuchen viele mal.	Nach links.
Und Pasteten ach so fein,	Nach rechts.
Mühle, lass' uns nie allein.	Nach links.
Kikeriki!	Hände bilden auf dem Kopf einen „Hahnenkamm".

Pfannkuchenmühle

2. Strophe

Mahle Mühle, mahle Mehl dass es nie an Brot uns fehl'. Brutzelbrauner Pfannenkuchen Mietzekatz will dich versuchen. Kikeriki!	*Siehe 1. Strophe*

Lied in Großmotorik

Die Kinder stehen verteilt im Raum. Das Lied singen und die Bewegungen ausführen.

1. Strophe

Mahle Mühle, Mühle mahl' Pfannenkuchen viele mal.	Einen Arm waagerecht zur Seite strecken, den anderen auf den Rücken legen. Ganze Drehung nach rechts. Ganze Drehung nach links.
Und Pasteten ach so fein, Mühle, lass' uns nie allein. Kikeriki!	Als „Hahn" auf einem Bein stehen bleiben. Dabei bilden die Hände auf dem Kopf einen Hahnenkamm.

Die große Handmühle dreht sich.

2. Strophe

Mahle Mühle, mahle Mehl dass es nie an Brot uns fehl. Brutzelbrauner Pfannenkuchen Mietzekatz will dich versuchen. Kikeriki!	*siehe 1. Strophe*

Variante:
Die Lehrerin spielt das Lied auf dem Klavier oder Blockflöte.

Pfannkuchenmühle

Lied als Tanz

Die Kinder stehen im Kreis mit Blick in Tanzrichtung und fassen sich an den Händen.

1. Strophe

Mahle Mühle, Mühle mahl'	Gehen in Tanzrichtung.
Pfannenkuchen viele mal.	
Und Pasteten ach so fein,	Gehen gegen Tanzrichtung.
Mühle, lass' uns nie allein.	
Kikeriki!	Als „Hahn" auf einem Bein stehen bleiben. Dabei bilden die Hände auf dem Kopf einen Hahnenkamm.

2. Strophe

Mahle Mühle, mahle Mehl	Die Kinder stehen paarweise gegenüber, Hände überkreuzen (= Mühlenfassung).
dass es nie an Brot uns fehl.	Paare drehen sich nach rechts.
Brutzelbrauner Pfannenkuchen	Nach links.
Mietzekatz will dich versuchen.	
Kikeriki!	Als „Hahn" auf einem Bein stehen bleiben, Hände als „Hahnenkamm".

Lied mit Instrumenten

Die Kinder sitzen im Kreis am Boden. Jedes Kind hat einen Xylophon- oder Metallophon-Klangstab (Töne c, e, g) und zwei Schlägel vor sich.

Begleitostinato auf den Klangstäben:

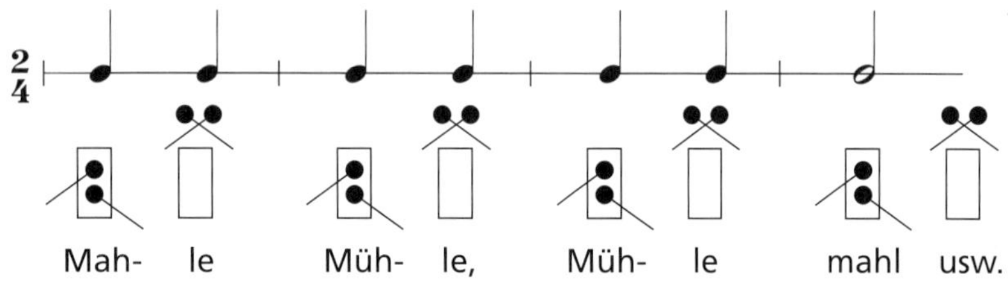

Am Ende jeder Strophe („Kikeriki") mit den Schlägel einen „Hahnenkamm" auf den Kopf darstellen.

PFANNKUCHENMÜHLE

Windmühlentanz
(Liedform ABC)

Text und Melodie:
Sabine Hirler/Edith Penz

Klaviersatz: Windmühlentanz

→ Notenanhang S. 80

Lied mit Instrumenten
Die Kinder sitzen im Kreis am Boden. Jedes Kind hat einen Metallophon- oder Xylophon-Klangstab (Töne d, fis, a) und zwei Schlägel vor sich. *Spielweise:* Mit beiden Schlägel über dem Instrument die Mühlenbewegung ausführen (Schlägel kreisen umeinander). Dabei treffen die Schlägel ab und zu auf den Klangstab

Teil A
LANGSAM DREHEN SICH DIE FLÜGEL,
DREHN' SICH HERUM,
IM KREIS HERUM.

Spielweise siehe oben

Teil B
KLIPP-KLIPP-KLAPP,
KLIPP-KLIPP-KLAPP,
FLÜGEL KLAPPERN
KLIPP-KLIPP-KLAPP.

SCHLÄGEL IM MELODIERHYTHMUS ANEINANDERKLOPFEN.

Pfannkuchenmühle

Teil C

Schneller und schneller, drehn' sich die Flügel, drehn' sich geschwinde im Wind, im Wind.	*Spielweise siehe oben*

Variante:
Den Melodierhythmus im Teil B mit Klanghölzchen spielen.

- **Lied als Tanz mit Raschelstab**

Die Kinder stehen im Kreis mit Blick zur Mitte. Jedes Kind hat zwei Raschelstäbe.

Teil A

Langsam drehen sich die Flügel,	„Große Windmühlenflügel" mit den Armen, in Gegenbewegung.
drehn' sich herum, im Kreis herum.	

Teil B

Klipp-klipp-klapp, klipp-klipp-klapp,	Raschelstäbe im Melodierhythmus aneinanderklopfen und zur Kreismitte laufen.
Flügel klappern klipp-klipp-klapp.	Aus der Kreismitte laufen.

Teil C

Schneller und schneller drehn' sich die Flügel,	Kleine Mühlenbewegung (Raschelstäbe waagerecht umeinander kreisen),
drehn' sich geschwinde im Wind, im Wind.	dabei schneller werden.

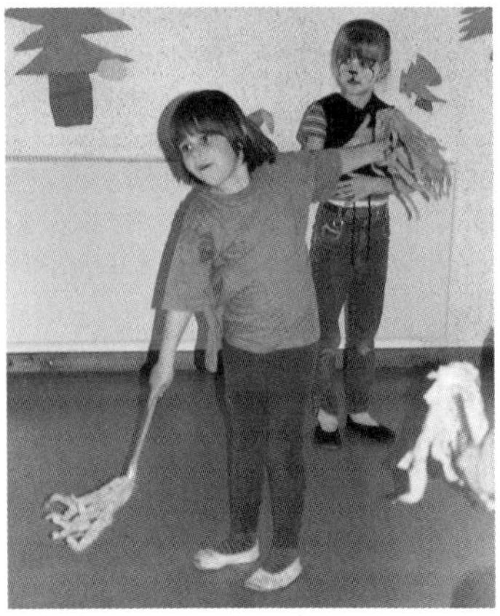

Große Windmühlenflügel
in Gegenbewegung

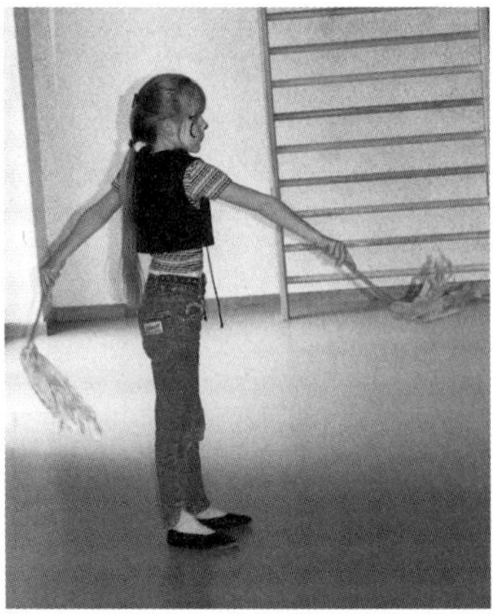

Pfannkuchenmühle

Es war einmal ein alter Bauer mit seiner Frau, die lebten so recht und schlecht, denn sie waren sehr arm. Eines Tages hatten sie kein Krümchen Brot mehr im Haus; da fuhren sie in den Wald, Eicheln zu sammeln. Sie sammelten Eicheln, brachten sie nach Haus und wollten sie essen. Wie sie die Eicheln aßen, ließ die Alte eine Eichel fallen. Die Eichel fiel durch den Fußboden in den Keller. Bald schlug die Eichel Wurzel und trieb einen Schößling, der Schößling wuchs bis zum Fußboden. Die Alte sah das und sprach zum Alten: „Hör', Alter, du musst den Fußboden durchschlagen, damit die Eiche wachsen kann; wenn sie groß wird, brauchen wir nicht mehr in den zu Wald fahren, und können die Eicheln hier in der Stube pflücken."

Der Alte schlug ein Loch in den Fußboden; die Eiche wuchs und wuchs bis zur Stubendecke, von der Decke bis zum Dach und vom Dach bis in den Himmel hinein. Als sie keine Eicheln mehr hatten, nahm der Alte einen Sack und kletterte auf den Eichbaum; er kletterte immer höher und höher, und auf einmal befand er sich im Himmel.

Er ging im Himmel auf und ab, da sah er einen Hahn mit goldenem Kamm auf einer goldenen Handmühle sitzen. Der Bauer überlegte sich's nicht lange, er nahm den Hahn und die Mühle und stieg hinab. Als er glücklich unten angekommen war, fragte er seine Frau: „Alte, gibt's was zu essen?"

„Wart, ich will gleich die Eicheln in der Mühle mahlen", meinte die Alte. Sie nahm die Mühle und fing an zu mahlen: da mahlte es Pfannkuchen und Pasteten! Sooft sie die Mühle drehte, fiel ein Pfannkuchen, dann eine Pastete heraus. Nun hatten sie satt zu essen.

Eines Tages kam ein Herr vorbeigefahren und fragte: „Kann ich was zu essen haben?" „Gewiß, du kannst Pfannkuchen haben." Die Frau nahm die Mühle und drehte: Die Mühle mahlte Pfannkuchen und Pasteten. Der Gast ließ sich's gut schmecken. Nach dem Essen sagte er: „Frau, verkauf' mir die Mühle!" „Nein, die kann ich nicht verkaufen!" Da stahl der Herr die Mühle und fuhr mit ihr davon.

Als die beiden alten Leutchen bemerkten, dass die Mühle gestohlen war, grämten sie sich sehr. „Grämt euch nicht", sprach der Hahn mit dem goldenen Kamm. „Ich fliege dem Dieb nach und hole ihn ein."

Der Hahn kam zu des Herren Haus geflogen, flog aufs Tor und rief: „Kikeriki, ich bin hie! Herr, gib unsere liebe goldene Mühle wieder her!"

Als das der Herr hörte, ärgerte er sich und befahl: „He, werft den Hahn ins Wasser!" Die Diener fanden den Hahn und warfen ihn in den Brunnen. Der Hahn aber sprach vor sich hin: „Schnäbelchen, Schnäbelchen, schluck' das Wasser auf!" und trank den ganzen Brunnen aus und flog wieder in das Herrenhaus. Er setzte sich auf den Balkon und rief: „Kikeriki! Bin wieder hie! Herr, gib unsere liebe goldene Mühle wieder her!"

Der Herr befahl den Hahn zu fangen und ihn in den glühenden Ofen zu werfen. Die Diener fanden den Hahn und warfen ihn in den Ofen, mitten ins Feuer. Der Hahn sprach aber vor sich hin: „Schnäbelchen, Schnäbelchen, spei das Wasser aus!" und spie das Wasser ins Feuer und löschte den Ofen aus. Er sträubte sich und schüttelte sich, flog aus dem Ofen und schrie: „Kikeriki, bin wieder hie! Herr, gib unsere goldene Mühle wieder her!"

Die Gäste hörten das und liefen aus dem Haus, der Herr lief ihnen nach; der Hahn mit dem goldenen Kamm packte geschwind die Mühle und flog damit nach Haus.

Quelle: Kleine Märchen und Geschichten, Arbeitsmaterial aus den Waldorfkindergärten Heft 5
Verlag Freies Geistesleben, Stuttgart.

PFANNKUCHENMÜHLE

Klaviersatz: Windmühlentanz

Sabine Hirler/ Edith Penz
Satz: Edith Penz

PFANNKUCHENMÜHLE

Klaviersatz: Mahle, Mühle, mahl'

Edith Penz

FLORINO, DER REGENTROPFENFÄNGER

Stundenbild 1: Florino im Regen

Stundenbild 2: Regentropfenmusik

Stundenbild 3: Florino und die Regentropfen

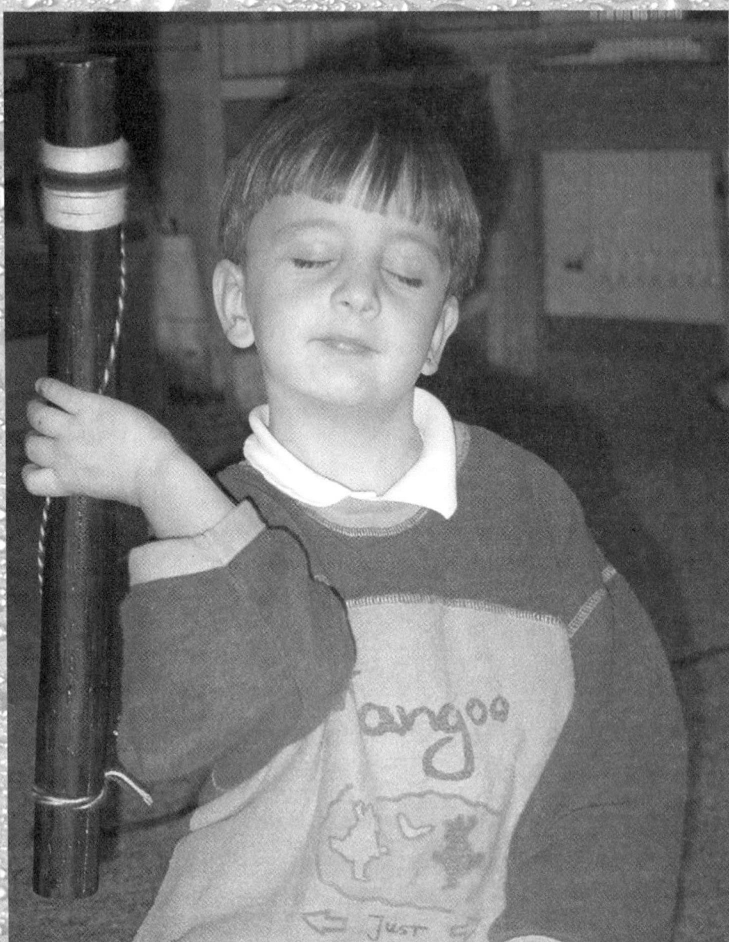

FLORINO, DER REGENTROPFENFÄNGER

Florino im Regen

Einstimmung

Einstimmung S. 14

Begrüßungslied „Halli-hallo“

Lied S. 15

Begrüßungslied „Halli-hallo“ mit Regenschirm

Die Kinder stehen im Kreis. Die Lehrerin stellt einen aufgespannten Regenschirm in die Kreismitte. Alle singen das Lied und ein Kind geht mit dem Regenschirm um den Kreis spazieren. Am Liedende hinter einem Kind stehen bleiben und den Regenschirm weitergeben. Wiederholen, bis jedes Kind an der Reihe war.

Bilderbuch: Florino, der Regentropfenfänger

Die Lehrerin liest bis „auf den Büschen und Bäumen und noch viel mehr“.

Material: Florino, der Regentropfenfänger. Barbara Haupt. Nord-Süd Verlag

Lied: Vom Regenhüpfen

- Lied in Kleinmotorik
- Lied in Großmotorik

Lieder S. 93

Experimentierphase mit Seil: Balancieren auf dem Fenstersims

Jedes Kind legt ein Seil als „Fenstersims" auf den Boden und balanciert auf verschiedene Weise: vorwärts, rückwärts, seitwärts, mit geschlossenen Augen, schnell, langsam usw.

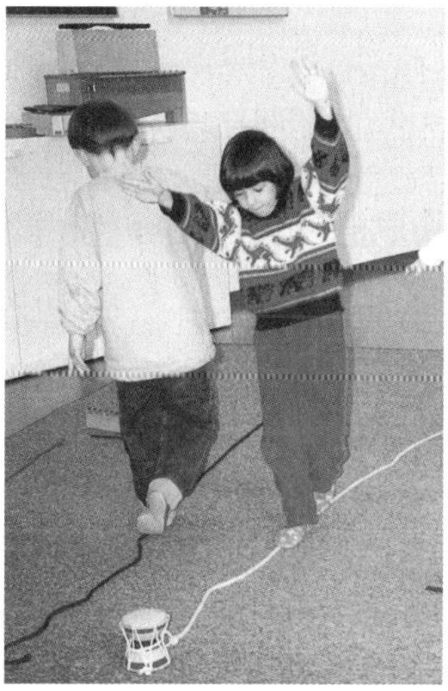

Balancieren auf dem Fenstersims

Auditives Wahrnehmungsspiel: Balancieren

Die Kinder stehen am Seilende. Die Lehrerin spielt einen Metallophonklangstab einmal an. Daraufhin balancieren die Kinder auf dem Seil. Endet der Klang, bleiben alle stehen.

Variante:
Ein Kind spielt das Instrument.

Ruhephase und Übergang: Instrumente austeilen

Jedes Kind sitzt mit geschlossenen Augen an seinem Seilende. Die Lehrerin spielt auf dem Becken leise „Regentropfen-Klänge", geht gleichzeitig zu einem freien Seilende und legt das Instrument dort ab. Wiederholen, bis an jedem Seilende ein Instrument liegt. Folgende Instrumente austeilen: Xylophon- und Metallophonklangstäbe, Cymbel, Becken, Glockenspiel, Fingercymbel, Triangel.

Klangimprovisation: Regentropfen-Klänge

Die Lehrerin spielt jeweils einem Kind „Regentropfen-Klänge" auf der Fingercymbel zu. Daraufhin balanciert es auf seinem Seil zum Instrument und improvisiert „Regentropfen-Musik". Wiederholen, bis jedes Kind an der Reihe war.

FLORINO, DER REGENTROPFENFÄNGER

Klangimprovisation Regentropfen

Klangimprovisation: Regentropfen und Musikspaziergang

- Klangimprovisationen

Die Kinder sitzen mit jeweils einem Instrument im Raum verteilt: Xylophon- oder Metallophonklangstab; Fingercymbel, Cymbel-Glockenspiel, Triangel und Rainmaker (afrikanisches Instrument = Regenmacher). Ein Kind geht als „Dirigent" herum und gibt einem Kind nach dem anderen durch Antippen (Schulter) den Spieleinsatz: Solange „Regentropfen" improvisieren, bis alle Instrumente an der Improvisation dabei sind. Werden die Kinder dann zum zweiten Mal angetippt, hören sie auf zu spielen.

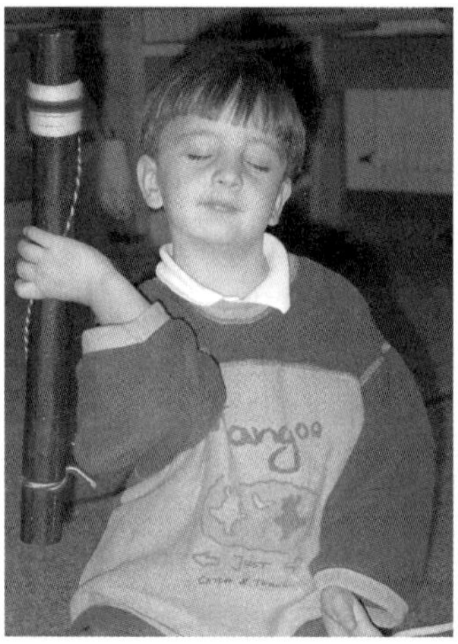

Dem Regen lauschen

- Musikspaziergang

Die Instrumente bleiben am Boden liegen. Die Lehrerin improvisiert am Klavier oder auf der Blockflöte zum Spazierengehen oder Hüpfen. Die Kinder bewegen sich dazu. Endet ihr Spiel, setzt sich jedes Kind neben ein Instrument. Es folgt eine weitere Klangimprovisation: Regentropfen mit einem neuen „Dirigenten".

Lied: Vom Regenhüpfen

- Lied in Kleinmotorik
- Lied in Großmotorik

→ Lieder S. 93

Instrumentalphase: Dem Regen lauschen

Die Kinder sitzen im Kreis. Ein Rainmaker wird reihum weitergegeben, jedes Kind lässt es mit dem Instrument „regnen". Bei der letzten Wiederholung schließen alle die Augen. Die Augen erst öffnen, wenn der „Regen" aufgehört hat.

Verabschiedung

FLORINO, DER REGENTROPFENFÄNGER

Regentropfenmusik

Einstimmung

→ Einstimmung S. 14

Begrüßungslied „Halli-hallo“ mit Regenschirm

→ Lied S. 15

Die Kinder stehen im Raum verteilt. Alle singen das Lied und gehen im Raum spazieren. Ein Kind geht mit dem aufgespannten Regenschirm. Am Liedende bleiben alle stehen. Das Kind mit dem Schirm stellt sich neben ein anderes Kind und gibt diesem den Schirm weiter. Mehrmals wiederholen.

Variante:

Die Lehrerin spielt das Lied am Klavier oder auf der Blockföte

Bilderbuch: Florino, der Regentropfenfänger

Die Lehrerin liest die Geschichte zu Ende.

Lied: Vom Regenhüpfen

→ Lieder S. 93

- Lied in Kleinmotrik
- Lied in Großmotorik

Richtungshören: Regentremolo

Die Kinder stehen im Kreis. In der Mitte steht ein Regenschirm. Ein Kind trommelt mit den Fingern (Fingertremolo) rasche und leise „Regentropfen“ auf den Schirm. Die anderen hören zu. Dann schließen alle die Augen. Ein Kind sucht sich einen Platz im Raum und lässt es auf den Schirm „regnen“. Die anderen drehen sich in die Richtung, aus der sie den „Regen“ hören.

Rollentausch

Sensomotorische Wahrnehmungsspiele: Regengeräusche mit der Handtrommel

- **Auditives Wahrnehmungsspiel: Regen hören**

Die Kinder sitzen im Kreis und haben eine Handtrommel vor sich liegen. Die Lehrerin lässt es auf dem Regenschirm „regnen“. Solange die Kinder den „Regen“ hören, spielen sie den „Regen“ auf der Handtrommel mit (Fingertremolo). Endet der „Regen“, hören sie auf zu spielen.

Variante:

Ein Kind lässt es auf den Schirm regnen.

Florino, der Regentropfenfänger

• Taktiles Wahrnehmungsspiel: Regen spüren

Die Kinder sitzen paarweise hintereinander. Ein Kind sitzt mit geschlossenen Augen am Boden und hat eine Handtrommel vor sich. Das andere lässt es auf den Rücken „regnen" (Fingertremolo). Solange auf der Handtrommel spielen, wie man die Regentropfen am Rücken spürt.

Rollentausch

• Visuelles Wahrnehmungsspiel: Regenspaziergang

Die Kinder sitzen im Halbkreis am Boden. Alle haben eine Handtrommel vor sich. Die Lehrerin geht „im Regen spazieren" und wird von den Kindern auf der Handtrommel (Fingertremolo) begleitet. Bleibt sie stehen, hört der „Regen" auf.

Variante:
Ein Kind geht spazieren.

Bewegungsspiel: Hüpfen und Lauschen

Die Lehrerin improvisiert am Klavier oder Handtrommel zum Hüpfen. Die Kinder bewegen sich dazu. Endet das Spiel, bleiben alle stehen und lauschen der „Regentropfenmusik". Diese wird von der Lehrerin oder einem Kind auf Fingercymbeln improvisiert. Nachdem der „Regen" verklungen ist, werden die Fingercymbeln an ein anderes Kind weitergegeben. Dann spielt die Lehrerin wieder zum Hüpfen. Mehrmals wiederholen.

Variante:
Alle haben Klanghölzchen und spielen im Hüpfrhythmus dazu.

Übergang als Ordnungsspiel: Instrumente austeilen

Die Lehrerin legt Xylophon- und Metallophonklangstäbe, Cymbel, Becken, Glockenspiel, Fingercymbel und Triangel in die Mitte. Die Kinder sitzen mit geschlossenen Augen im Kreis. Spüren die Kinder den Regen (Fingertremolo am Rücken), öffnen sie die Augen und suchen sich ein Instrument aus.

Klangimprovisation: Regentropfenkonzert

Die Kinder sitzen im Kreis. Xylophon- und Metallophonklangstäbe, Cymbel, Becken, Glockenspiel, Fingercymbel und Triangel sind auf die Kinder verteilt. Die Lehrerin gibt durch Zuzwinkern jedem Kind die Spieleinsätze. Daraufhin improvisiert es solange auf seinem Instrument „Regentropfen", bis alle an der gemeinsamen Improvisation beteiligt sind.

Hinweis:
Kleine, große, viele oder wenige Regentropfen improvisieren.

FLORINO, DER REGENTROPFENFÄNGER

Regentropfen improvisieren

Bewegungsspiel: Im Regen laufen

Die Lehrerin improvisiert auf der Blockflöte oder Handtrommel zum Laufen. Die Kinder bewegen sich dazu. Hört die Musik auf, bleiben alle stehen und spannen einen imaginären Regenschirm auf.

Variante:

Ein Kind spielt zum Laufen die Handtrommel.

Taktiles Wahrnehmungsspiel: Regenmelodie im Platanenbaum

Die Kinder sitzen am Boden nebeneinander und haben jeweils einen Metallophon-Klangstab (Töne c, d, e, g, a) in Sopran-, Alt-, und Basslage mit Schlägel vor sich. Die Lehrerin gibt einem Kind nach dem anderen durch Antippen (= mit einem weichen Schlägel auf den Rücken klopfen) den Spieleinsatz. Soviele Töne auf dem Instrument anschlagen, wie man „Regentropfen" am Rücken spürt.

Variante:

- Ein Kind gibt den Spieleinsatz
- Eine Regenmelodie erfinden, die aus den „Sieben Tropfenklängen der Platanenblätter" besteht. Beispiel: Töne c', c", d', e', e", g', a'.

Verabschiedung

FLORINO, DER REGENTROPFENFÄNGER

Florino und die Regentropfen

Einstimmung

→ Einstimmung S. 14

Fingerspiel: Dripp und Dropp

→ Fingerspiel S. 91

Lied: Regentropfen
- Lied als Tanz

→ Lieder S. 94

Bilderbuch: Florino der Regentropfenfänger
Die Lehrerin liest die Geschichte vor.

Lied: Florino
- Lied in Kleinmotorik
- Lied in Großmotorik

→ Lieder S.95

Ruhephase
Die Kinder liegen mit geschlossenen Augen am Boden. Die Lehrerin spielt für jedes Kind mit zwei Glastropfen „Regentropfen-Klänge".

Richtungshören: Tropfenklänge
Die Kinder stehen im Kreis. Fingercymbel, Cymbel, Handtrommel und die Glas-Tropfen sind auf die Kinder verteilt. Ein Kind steht mit geschlossenen Augen in der Mitte. Die Lehrerin zwinkert jeweils einem Kind zu, worauf es sein Instrument anspielt. Das Kind in der Mitte zeigt in die Richtung, woher es den Klang hört. Mehrmals wiederholen.

Glas-Tropfen

Rollentausch mit Platzwechsel

Varianten:
- Ein Kind gibt durch Antippen die Spieleinsätze.
- Die Spieleinsätze werden nicht festgelegt.

Lied: Florino
- Lied in Kleinmotorik
- Lied in Großmotorik
- Lied mit Instrumenten

→ Lieder S. 95

Sprach- und Instrumentalspiel: Regentropfen-Namen
Die Kinder sitzen im Kreis. Jedes Kind erfindet seinen eigenen „Regentropfen-Namen", z. B. Plitsch-Platsch, guggel-guggel, pling-plong usw. Dann spielt es seinen „Regentropfen" auf dem Instrument. Folgende Instrumente austeilen: Xylophon- und Metallophonklangstäbe, Triangel, Fingercymbel.

FLORINO, DER REGENTROPFENFÄNGER

Ratespiel: Regentropfen-Namen

Die Kinder sitzen mit geschlossenen Augen im Kreis. Ein Kind spielt seinen „Regentropfen-Namen" auf dem Instrument. Die anderen raten entweder

?

- den Regentropfennamen
- den Namen des Spielers oder
- das Instrument

Vers: Regen (Rondo)

→ Verse S. 92

- Vers in Großmotorik

Spiel: Wassertropfen spüren

Die Kinder sitzen im Kreis. Die Lehrerin tropft jedem Kind einen Wassertropfen aus einer Pipette auf den Handrücken, Stirn oder Finger. Die Kinder beobachten, spüren und experimentieren mit dem Wassertropfen.

Experimentierphase: Wassertropfen spüren

Lied: Florino

→ Lieder S. 95

- Lied in Kleinmotorik

Verabschiedung

FLORINO, DER REGENTROPFENFÄNGER

Bewegungsspiel: Spaziergang im Regen

Die Lehrerin improvisiert auf der Blockflöte oder Handtrommel zum Spazierengehen. Die Kinder bewegen sich dazu. Hört die Musik auf, bleiben alle stehen und lauschen der „Regentropfenmusik". Diese wird von der Lehrerin oder einem Kind auf dem Glockenspiel oder Fingercymbeln improvisiert. Nachdem der Regen verklungen ist, wird das Instrument an ein anderes Kind weitergegeben. Dann spielt die Lehrerin wieder zum Spazierengehen. Mehrmals wiederholen.

Führen und Folgen: Kleine und große Tropfen

Die Kinder sitzen im Halbkreis. Sopran-Metallophonklangstäbe/Glockenspiele für die „kleinen Tropfen" und Alt/Bass-Xylophonklangstäbe für die „großen Tropfen" sind auf die Kinder verteilt. Ein Kind gibt als „Dirigent" den jeweiligen Instrumentengruppen die Spieleinsätze zur Improvisation „Regentropfen". Der Dirigent gibt an:

- Laut oder leise spielen (Dynamik)
- Lauter oder leiser werden (crescendo/descrendo)
- Langsam oder schnell spielen (Tempo)
- Langsamer oder schneller werden (ritardando/accelerando)
- Alleine oder gemeinsam spielen (solo/tutti)

Rollentausch

Klangimprovisation: Regengeräusche auf Haushaltsutensilien

Die Kinder sitzen im Kreis und haben verschiedene Gegenstände aus Metall oder Glas mitgebracht: Topf, Sieb, Löffel, Gläser mit Schraubverschluss, Dosen usw. Die Kinder erfinden auf den „Instrumenten" verschiedene Regengeräusche. Ein Kind geht als Dirigent herum und gibt einem Kind nach dem anderen durch Antippen (Schulter) den Spieleinsatz. Solange „Regentropfen" improvisieren, bis alle spielen. Werden die Kinder zum zweiten Mal angetippt, hören sie auf zu spielen.

Variante:

Durch Zuzwinkern den Spieleinsatz geben.

FLORINO, DER REGENTROPFENFÄNGER

Dripp und Dropp

Sabine Hirler

DRIPP UND DROPP ZWEI TROPFEN,	ZEIGEFINGER IM SPRECHRHYTHMUS ANEINANDERTIPPEN.
AN DAS FENSTER KLOPFEN.	ABWECHSELND DEN RECHTEN ZEIGEFINGER AN DIE LINKE SCHULTER UND DEN LINKEN ZEIGEFINGER AN DIE RECHTE SCHULTER TIPPEN.
TRIPPE – TROPPE, TRIPP UND TROPP,	MIT DEN FINGERKNÖCHELN ABWECHSELND
TROPPE – TRIPPE, TRIPP UND TROPP.	AUF DEN BODEN KLOPFEN.
IN SEINEM ZIMMER LAUSCHT DAS KIND, DEN REGENTROPFEN UND DEM WIND.	RECHTE HAND HINTER DAS OHR HALTEN.
DRIPP UND DROPP ZWEI TROPFEN,	ZEIGEFINGER IM SPRECHRHYTHMUS ANEINANDERTIPPEN.
AUF DIE BLÄTTER KLOPFEN.	ABWECHSELND DEN RECHTEN ZEIGEFINGER AN DIE LINKE SCHULTER UND DEN LINKEN ZEIGEFINGER AN DIE RECHTE SCHULTER TIPPEN.
TRIPPE – TROPPE, TRIPP UND TROPP,	MIT DEN FINGERKNÖCHELN ABWECHSELND
TROPPE – TRIPPE, TRIPP UND TROPP.	AUF DEN BODEN KLOPFEN.
AUF DER WIESE STEHT DAS KIND, LAUSCHT DEN TROPFEN UND DEM WIND.	LINKE HAND HINTER DAS OHR HALTEN.
DRIPP UND DROPP ZWEI TROPFEN,	ZEIGEFINGER IM SPRECHRHYTHMUS. ANEINANDERTIPPEN
IMMER WEITER KLOPFEN.	ABWECHSELND DEN RECHTEN ZEIGEFINGER AN DIE LINKE SCHULTER UND DEN LINKEN ZEIGEFINGER AN DIE RECHTE SCHULTER TIPPEN.

Variante:

Weitere Reime erfinden. Die Tropfen klopfen z. B. auf die Stirn, Dächer, Autos, Haare usw.

Beispiel:

DRIPP UND DROPP ZWEI TROPFEN,
AUF DIE BRILLE KLOPFEN.
TRIPPE – TROPPE, TRIPP UND TROPP,
TROPPE – TRIPPE, TRIPP UND TROPP.

Florino, der Regentropfenfänger

Regen (Rondoform ABACA)

Sabine Hirler

Vers in Großmotorik

Den Vers sprechen und die Bewegungen im Raum ausführen.

A

TRIPPE-TROPPE-TRIPP UND TROPP, TRIPPE-TROPPE-TRIPP UND TROPP. TRIPPE-TROPPE-TRIPP UND HOPP, TRIPPE-TROPPE-TRIPP UND STOPP.	IM RAUM LAUFEN.

B

PLITSCHE-PLATSCHE-PLING-PLONG, PLITSCHE-PLATSCHE-PLACH. PLITSCHE-PLATSCHE-PLING-PLONG, REGENTROPFEN AUF DEM DACH.	SPRECHRHYTHMUS AUF DEN BODEN PATSCHEN.

A

TRIPPE-TROPPE-TRIPP UND TROPP, TRIPPE-TROPPE-TRIPP UND TROPP. TRIPPE-TROPPE-TRIPP UND HOPP, TRIPPE-TROPPE-TRIPP UND STOP.	IM RAUM LAUFEN.

C

TRIPFE-TROPFE-TROPF, TRIPFE-TROPFE-TROPF, REGEN FÄLLT AUF HAND UND KOPF.	SPRECHRHYTHMUS MIT DEN FINGERN AUF DEN KOPF KLOPFEN.

A

TRIPPE-TROPPE-TRIPP UND TROPP, TRIPPE-TROPPE-TRIPP UND TROPP. TRIPPE-TROPPE-TRIPP UND HOPP, TRIPPE-TROPPE-TRIPP UND STOP.	IM RAUM LAUFEN.

Florino, der Regentropfenfänger

Vom Regenhüpfen

Edith Penz

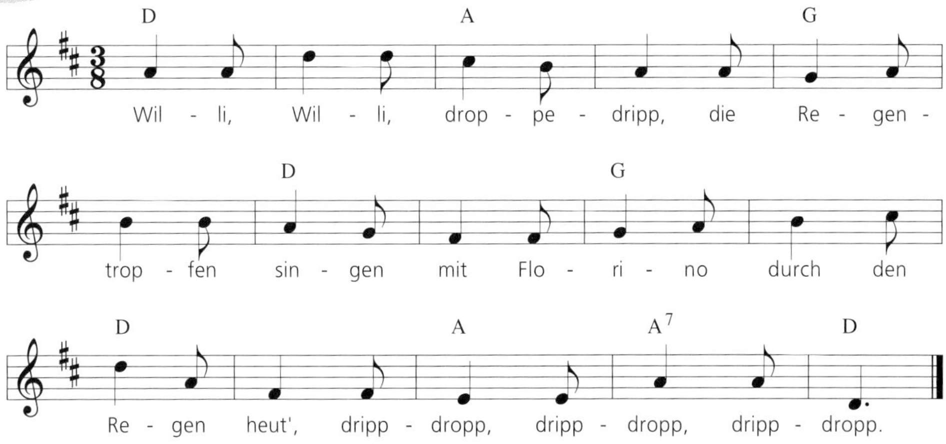

Klaviersatz: Vom Regenhüpfen

→ Notenanhang S. 97

Lied in Kleinmotorik

Das Lied singen und die Gesten am Platz ausführen

1. Strophe

Willi, Willi, droppe-dripp, die Regentropfen singen mit Florino durch den Regen heut', dripp-dropp, dripp-dropp, dripp-dropp.	Im Hüpfrhythmus abwechselnd auf die Oberschenkel patschen

2. Strophe

Willi, Willi freut sich mit den Regentropfen droppe-dripp und hört der alten Tonne zu, ding-dong, ding-dong, ding-du.	Siehe oben

Lied in Großmotorik

Das Lied singen und die Bewegungen im Raum ausführen. Die Kinder hüpfen im Raum und bleiben am Ende jeder Strophe stehen.

Varianten:

- Die Kinder stehen im Kreis mit Blick in Tanzrichtung, Hände fassen. Die Kinder hüpfen in Tanzrichtung/gegen Tanzrichtung.
- Die Lehrerin begleitet das Lied am Klavier. Die Kinder hüpfen paarweise im Raum. Am Ende jeder Strophe bleiben die Paare stehen und berühren sich z. B. Rücken an Rücken, an den Knien usw.

Lied mit Klanghölzchen

Die Kinder sitzen im Kreis und begleiten das Lied mit den Klanghölzchen im Hüpfrhythmus.

FLORINO, DER REGENTROPFENFÄNGER

Regentropfen

(Rondoform ABAC)

Text und Melodie: Sabine Hirler

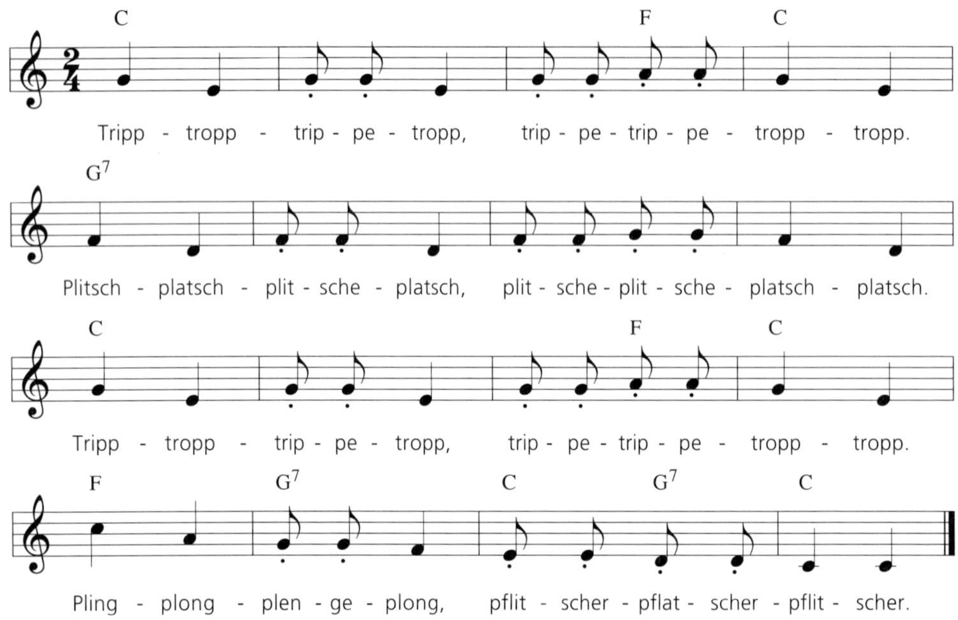

Klaviersatz: Regentropfen

→ Notenanhang S. 98

Lied als Tanz

Die Kinder stehen im Kreis mit Blick in Tanzrichtung und fassen sich an den Händen.

A	
Tripp-tropp-trippe-tropp, trippe-trippe-tropp-tropp.	Laufen in Tanzrichtung.
B	
Plitsch-platsch-plitsche-platsch, plitsche-plitsche-platsch-platsch.	Zur Kreismitte laufen. Aus der Kreismitte laufen.
A	
Tripp-tropp-trippe-tropp, trippe-trippe-tropp-tropp.	Laufen gegen Tanzrichtung.
C	
Pling-plong-plenge-plong, pflitscher-pflatscher-pflitscher.	Stehen bleiben und im Melodierhythmus klatschen.

Florino, der Regentropfenfänger

Florino

Text und Melodie: Sabine Hirler

Klaviersatz: Florino

→ Notenanhang S. 99

Lied in Kleinmotorik

Das Lied singen und die Gesten am Platz ausführen.

1. Strophe

Kreuz und quer durch alle Gassen	Abwechselnd auf die
läuft Florino nicht zu fassen.	Oberschenkel patschen.
Sammelt Tropfen von den Bäumen,	Mit den Händen imaginäre Tropfen sammeln
alle klingen sie zum Träumen.	(oben – unten, links – rechts)
Kreuz und quer durch alle Gassen	Abwechselnd auf die
läuft Florino nicht zu fassen.	Oberschenkel patschen.

2. Strophe

Wunderbare Tropfenklänge	Mit den Fingern schnippen.
sucht Florino mit den Händen.	
Fenster, Dächer, Regenrinnen,	Imaginäre Tropfen sammeln.
überall sind sie zu finden.	
Kreuz und quer durch alle Gassen,	Abwechselnd auf die
läuft Florino nicht zu fassen.	Oberschenkel patschen.

Florino, der Regentropfenfänger

Lied in Großmotorik

Das Lied singen und die Bewegungen im Raum ausführen.

1. Strophe

Kreuz und quer durch alle Gassen läuft Florino nicht zu fassen.	Im Raum laufen.
Sammelt Tropfen von den Bäumen,	Kinder gehen paarweise zusammen.
alle klingen sie zum Träumen.	Ein Kind bleibt als „Baum" stehen, das andere sammelt Tropfen von den „Blättern".
Kreuz und quer durch alle Gassen läuft Florino nicht zu fassen.	Im Raum laufen.

2. Strophe

Wunderbare Tropfenklänge sucht Florino mit den Händen.	Im Raum laufen und aus allen Richtungen Tropfen sammeln (oben – unten, rechts – links, hinten – vorne).
Fenster, Dächer, Regenrinnen, überall sind sie zu finden.	Von den „Dächern" Tropfen sammeln.
Kreuz und quer durch alle Gassen, läuft Florino nicht zu fassen.	Im Raum laufen.

Lied mit Instrumenten

Die Kinder sitzen im Kreis. Xylophon-Klangstäbe (Töne g, d) und Fingercymbeln sind auf die Kinder verteilt.

1. Strophe

Kreuz und quer durch alle Gassen läuft Florino nicht zu fassen.	Lauftempo auf dem Xylophon.
Sammelt Tropfen von den Bäumen, alle klingen sie zum Träumen.	Fingercymbel.
Kreuz und quer durch alle Gassen läuft Florino nicht zu fassen.	Lauftempo auf dem Xylophon.

2. Strophe

Wunderbare Tropfenklänge sucht Florino mit den Händen. Fenster, Dächer, Regenrinnen, überall sind sie zu finden. Kreuz und quer durch alle Gassen, läuft Florino nicht zu fassen.	*siehe oben*

FLORINO, DER REGENTROPFENFÄNGER

Klaviersatz: Vom Regenhüpfen

Edith Penz

FLORINO, DER REGENTROPFENFÄNGER

Klaviersatz: Regentropfen

Sabine Hirler
Satz: Edith Penz

FLORINO, DER REGENTROPFENFÄNGER

Klaviersatz: Florino

Sabine Hirler
Satz: Edith Penz

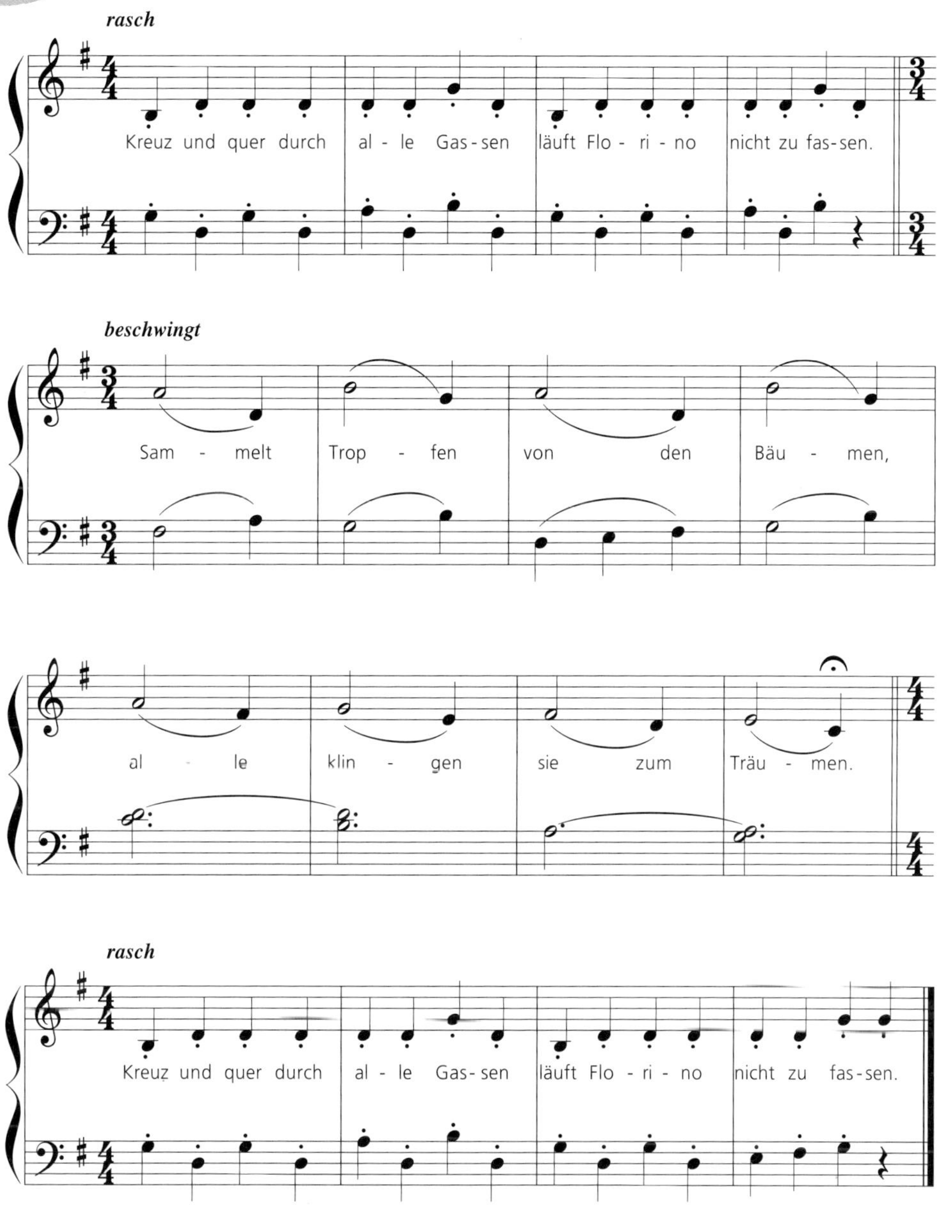

Die kleine Hexe

Stundenbild 1: Die kleine Hexe zaubert

Stundenbild 2: Heia, Walpurgisnacht

Stundenbild 3: Der Maronimann

DIE KLEINE HEXE

Die kleine Hexe zaubert

Einstimmung

→ Einstimmung S. 17

Verwandlungsspiel: Hexereien im Zauberwald

Die Kinder laufen durch den „Zauberwald“. Ein Kind „verhext“ die anderen durch einen „Zauberklang“ (Triangel) in Tiere. Erklingt der „Zauberklang“, bleiben alle stehen und werden von der „Hexe“ durch folgenden Spruch verhext:

KLIX, KLAX, KLU
ICH VERWANDLE EUCH IM NU
IN ... EINE SCHLANGE ... .

Daraufhin schlängeln sich alle als „Schlange“ im Raum, bis die „Hexe“ den Zauber durch einen weiteren Triangelschlag auflöst. Rollentausch.

Buch: Die kleine Hexe

Die Lehrerin liest die Geschichte bis: „... keine einzige Aufgabe darf er dabei überspringen.“

→ Material: Die kleine Hexe. Otfried Preußler. K. Thienemanns Verlag

Führen und Folgen: Die verzauberten Hände

Die Kinder sitzen im Kreis. Die Lehrerin bestimmt durch folgenden Auszählvers eine „kleine Hexe“:

EINS, ZWEI, DREI,
KLIXE, KLAXE, KLEI,
KLIXE, KLAXE, KLEX
UND DU BIST DIE HEX'!

Die kleine Hexe

Anschließend „zaubert" die „kleine Hexe" mit ihren Händen, die anderen ahmen die Bewegungen gleichzeitig nach. Dann wird eine andere „Hexe" ausgezählt.

Variante:
Mit den Füßen „zaubern".

Bewegungsspiel: Abraxas fliegt (Reaktionsspiel)
Die Lehrerin improvisiert auf der Cymbel zum Fliegen des „Raben Abraxas". Die Kinder bewegen sich dazu. Endet das Spiel, landet der „Rabe Abraxas".

Kreatives Sprachspiel: Hexenspruch
Die Kinder sitzen im Kreis. Alle sprechen folgenden „Hexenspruch" und „zaubern" imaginäre Gegenstände oder Tiere herbei:

Klixe, klaxe, klexe,	Sprechrhythmus klatschen
ich bin die kleine Hexe.	
Ich zaub're klixe klei,	Mit den Händen „zaubern"
für jedes Kind ein ... Ei.	Ein „Ei" darstellen

Die Lehrerin erfindet eine neue Silbe, die Kinder den dazugehörigen Gegenstand oder Tier.

Beispiele:

Ich zaub're klixe klut,
für jedes Kind 'nen ... Hut.

Ich zaub're klixe knall,
für jedes Kind 'nen ... Ball.

Übergang als Ratespiel: Das Zauberseil
Die Lehrerin spricht folgenden „Hexenspruch":

Ich zaub're klixe kleil,
für jedes Kind ein ... Seil.

Die Kinder raten. Daraufhin teilt die Lehrerin jedem Kind ein Seil aus.

Experimentierphase mit dem „Zauberseil".
Die Kinder erfinden verschiedene Formen mit dem Seil.

DIE KLEINE HEXE

Sensomotorische Wahrnehmungsspiele mit dem „Zauberseil"

- **Taktiles Wahrnehmungsspiel:**

Die Kinder gehen paarweise zusammen. Ein Kind legt mit dem Seil eine Form auf den Boden. Das andere ertastet mit geschlossenen Augen die Seilform und legt diese mit dem eigenen Seil nach. Daraufhin werden beide Formen verglichen.

- **Auditives Wahrnehmungsspiel:**

Jedes Kind sitzt mit seinem Seil am Boden. Die Lehrerin schlägt auf der Cymbel einen „Zauberklang" an. Solange die Kinder den „Zauberklang" hören, legen sie mit dem Seil eine Form auf den Boden.

Übergang: Hexenbesen austeilen

Die Kinder legen mit dem Seil einen „Hexenbesen" auf den Boden. Dann legen sie sich daneben und schließen die Augen. Die Lehrerin tauscht die Seile mit einem Holzstab („Hexenbesen") aus. Ertönt der „Zauberklang" (Cymbel), öffnen die Kinder die Augen.

Experimentierphase mit dem Holzstab

Experimentierphase mit Holzstab „Fernrohr".

Die Kinder verwandeln den Holzstab z. B. in ein Fernrohr, Wanderstab, Staubsauger, Kehrbesen, Schwert usw. Dann stellen sie gemeinsam einen Regenschirm oder ein Zeltdach dar.

DIE KLEINE HEXE

Auditives Wahrnehmungsspiel: Die kleine Hexe reitet

Die Lehrerin improvisiert am Klavier oder auf der Handtrommel zur Fortbewegungsart Galoppieren.
Die Kinder „reiten" auf den „Hexenbesen" (Holzstab) im Raum.
Endet das Instrumentalspiel, bleiben alle „Hexen" stehen.

Übergang: Der Hexenbesen

Die Kinder stehen im Kreis mit Blick zur Kreismitte und legen ihren „Hexenbesen" strahlenförmig auf den Boden. Dann setzt sich jedes Kind hinter seinen Holzstab.

Lied: Vom Hexenbesenstiel (1. Strophe)

→ Lieder S. 112

- Lied in Kleinmotorik
- Lied in Großmotorik mit dem „Hexenbesen"

Geschicklichkeitsspiel mit dem Holzstab: Mikado

Die Lehrerin hält alle Holzstäbe zusammen. Dann lässt sie die Stäbe auseinanderfallen. Jedes Kind versucht einen Stab herauszuziehen, ohne dass die anderen wackeln.

Verabschiedung

Experimentierphase mit dem Holzstab

DIE KLEINE HEXE

Heia, Walpurgisnacht

Einstimmung

Einstimmung S. 17

Verwandlungsspiel: Hexereien im Zauberwald

Die Kinder gehen durch den „Zauberwald", sprechen und klatschen zu folgendem Vers:

EINS, ZWEI, DREI,
KLIXE, KLAXE, KLEI,
KLIXE, KLAXE, KLEX,
WER IST DENN HEUT' DIE HEX'?

Am Versende bleiben alle stehen. Die Lehrerin zwinkert einem Kind zu, dieses stellt sich als „kleine Hexe" in die Raummitte und „verhext" die anderen mit folgenden Spruch:

KLIX, KLAX, KLU
ICH VERWANDLE EUCH IM NU
IN ... EINE SCHLANGE ... .

Daraufhin schlängeln sich alle als „Schlange" im Raum. Mehrmals wiederholen.

Buch: Die kleine Hexe

Die Lehrerin liest die Geschichte bis: „... Du solltest eben ein bisschen mehr bei der Sache sein!"

Klangimprovisationen: Verhexte Klänge

Die Kinder sitzen im Kreis. Klanghölzchen, Handtrommel mit Schlägel und Kaxixi (= afrikanische Rassel) liegen in der Mitte. Die Kinder improvisieren Klänge für:

- es regnet weiße Mäuse (Klanghölzchen)
- es regnet Frösche (auf die Handtrommel patschen)
- es regnet Tannenzapfen (Schlägel senkrecht auf die Handtrommel federn lassen)
- es regnet Buttermilch (Kaxixi)

Führen und Folgen: Hexenklänge

Die Kinder stehen verteilt im Raum. Ein Kind hat Klanghölzchen, ein zweites eine Handtrommel, ein drittes eine Handtrommel mit Schlägel, ein viertes eine Kaxixi. Ein fünftes Kind gibt als „Dirigent" durch Antippen (Schulter) der Instrumentalisten die Spieleinsätze. Ein erstes Antippen bedeutet „beginne das Spiel", ein zweites Antippen bedeutet „beende das Spiel". Die anderen reagieren auf die Klänge und Geräusche mit folgenden Bewegungen im Raum:

DIE KLEINE HEXE

Klanghölzchen	→	Rasches Laufen	→	Mäuse trippeln
Auf Handtrommel patschen	→	Sprünge aus der Hocke	→	Frösche hüpfen
Auf Handtrommel mit dem Schlägel federn	→	Schlusssprünge	→	Tannenzapfen fallen auf den Waldboden
Kaxixi	→	Auf dem Boden rollen	→	Buttermilch fließt

Rollentausch

Übergang als Ordnungsspiel: „Hexenbesen" (Holzstab) austeilen
Die Lehrerin spricht folgenden Vers und klopft mit dem „Hexenbesen" auf den Boden.

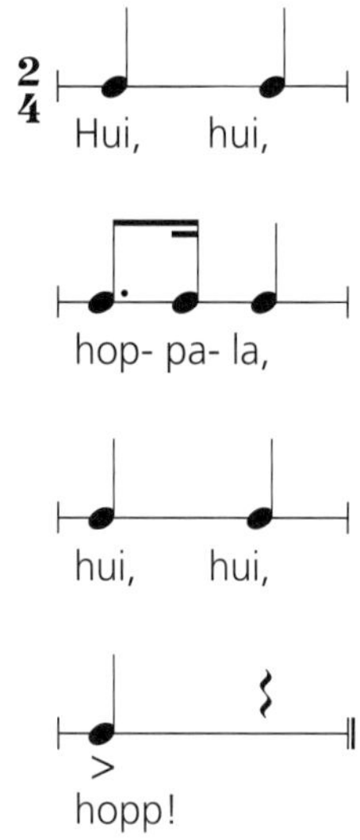

HUI, HUI,	2 X KLOPFEN
HOPPALA,	IM PUNKTIERTEN RHYTHMUS KLOPFEN
HUI, HUI,	2 X KLOPFEN
HOPP!	DEN HOLZSTAB EINEM KIND ZUWERFEN

Wiederholen, bis jedes Kind einen Holzstab hat.

Vers: Der Hexenbesen tanzt
Alle sprechen den Vers und bewegen sich mit dem „Hexenbesen"im Raum dazu:

HUI, HUI,	ZWEI GEHSCHRITTE UND MIT DEM „HEXENBESEN" KLOPFEN.
HOPPALA,	HÜPFEN UND PUNKTIERTEN RHYTHMUS KLOPFEN.
HUI, HUI,	ZWEI GEHSCHRITTE UND KLOPFEN.
HOPP!	HOLZSTAB HOCHWERFEN UND AUFFANGEN.

Variante:
Die Kinder stehen paarweise gegenüber und führen die Bewegungen am Platz aus. Bei „hopp" werfen sie sich gegenseitig den Holzstab zu.

Experimentierphase mit dem Holzstab
Die Kinder stehen im Raum verteilt und experimentieren mit dem Holzstab.
- Holzstab im Stehen mit geschlossenen Augen der Länge nach abgreifen.
- Holzstab am Boden mit Händen/Füßen oder am Körper rollen.
- Holzstab auf der Hand/Kopf/Rücken balancieren.
- Partnerspiel: Ein Kind liegt auf dem Bauch, das andere Kind rollt den Holzstab über den Rücken.

DIE KLEINE HEXE

Lied: Vom Hexenbesenstiel

→ Lieder S. 112

- Lied in Großmotorik mit „Hexenbesen"

Buch: Die kleine Hexe

Die Kinder sitzen im Kreis auf ihren „Hexenbesen". Die Lehrerin liest von „Findest Du?" bis „... würde er Augen machen wie eine Waldeule!".

Bewegungsspiel: Heia, Walpurgisnacht

Jedes Kind verkleidet sich mit Tüchern in eine „Hexe" (Knusperhexe, Sumpfhexe, Wetterhexe usw.). Die Lehrerin improvisiert am Klavier oder auf der Handtrommel zum „Hexenreiten" (Galoppieren). Die Kinder „reiten" auf ihrem „Hexenbesen" und rufen: „Heia, Walpurgisnacht!"

Variante:

Die Lehrerin spielt auf der Handtrommel zum „Hexenreiten" und spricht folgenden Vers:

HELLAHO-HOPP-HOPP, HELLAHO-HOPP-HOPP,
DIE KLEINEN HEXEN REITEN FORT.
HELLAHO-HOPP-HOPP, HELLAHO-HOPP-HOPP,
AUF DEM BESEN IM GALOPP.

Verkleiden in eine „Hexe"

Hinweis:

Den Vers im Galopprhythmus sprechen.

Übergang als Ordnungsspiel: Hexenbesen ablegen

Die Kinder stehen mit ihrem „Hexenbesen" im Kreis. Die Lehrerin spielt jedem Kind einen „Zauberklang" auf der Fingercymbel zu. Daraufhin legt jedes Kind seinen Holzstab ab (Sternform). Dann legt jedes Kind die Tücher in die Mitte und setzt sich hinter seinen Holzstab.

Buch: Kleine Hexe

Die Lehrerin liest das Kapitel „Heia, Walpurgisnacht" zu Ende.

Verabschiedung

Heia, Walpurgisnacht

DIE KLEINE HEXE

Der Maronimann

Einstimmung

→ Einstimmung S. 17

Bewegungsspiel: „Eisgestalten" im Winterwald (Bewegungsfantasie)
Die Kinder laufen zum gesprochenen Vers im Raum. Die Lehrerin begleitet das Lauftempo auf der Handtrommel oder Klanghölzchen. Am Versende bleibt jedes Kind als gefrorene „Eisgestalt" stehen.

Vers:

LAUFEN DURCH DEN WINTERWALD
LAUFEN, LAUFEN IST SO KALT.
LAUFEN WIE EIN JEDER WEIß
LAUFEN, WERDEN DANN ZU EIS.

Variante:
Dei „Eisgestalten" sind z. B. mit beiden Händen, mit der Nase, mit den Backen, mit den Knien usw. am Boden festgefroren. Die Kinder stellen am Versende eine entsprechende „Eisgestalt" dar.

Auditives Wahrnehmungsspiel: Die „Eisgestalten" tauen auf
Die Kinder laufen zum gesprochenen Vers im Raum. Die Lehrerin begleitet das Lauftempo auf der Handtrommel oder Klanghölzchen. Am Versende bleiben alle als gefrorene „Eisgestalt" stehen.

Vers: *siehe oben*

Dann geht die Lehrerin um die fantasievollen „Eisgestalten" herum und bestaunt sie. Dabei dürfen sie sich nicht bewegen! Ertönt die Cymbel („Sonnenklang"), beginnen die „Eisgestalten" zu tauen und sich langsam zu bewegen. Gesamten Ablauf mehrmals wiederholen.

Variante:
Ein Kind spielt die Cymbel.

Buch: Die kleine Hexe
Die Lehrerin liest das Kapitel „Der Maronimann" bis „... So lässt sich der Winter ganz gut aushalten!".

Vers: Kaminfeuer

→ Verse S. 111

- Vers in Kleinmotorik

DIE KLEINE HEXE

Partnerspiel: Sich am Ofen wärmen
Die Kinder sitzen Rücken an Rücken. Ein Kind ist der „Ofen", an dem sich das andere Kind den Rücken wärmt.

Rollentausch.

Lied: Der Bratapfel

→ Lieder S. 115

- Lied in Kleinmotorik
- Lied mit kleinen Bällen

Der Kipfel, der Kapfel, der gelbrote Apfel

Experimentierphase mit kleinen Bällen
Die Kinder stehen im Raum verteilt und experimentieren mit dem kleinen Ball.

Partnerspiel mit kleinen Bällen
Die Kinder gehen paarweise zusammen. Ein Kind liegt mit geschlossenen Augen auf dem Rücken. Das andere rollt einen Ball um den Körper des liegenden Kindes. Den Ball am Körper spüren.

Rollenwechsel.

Übergang als Ordnungsspiel: Kleine Bälle einsammeln
Die Kinder stehen im Kreis und haben ihren Ball in der Hand. Jedes Kind spricht folgenden Liedtext:

Der Zipfel, der Zapfel,	Ball von einer Hand in die andere werfen.
der Kipfel, der Kapfel,	
der gelbrote Apfel	Den Ball der Lehrerin zuwerfen.

DIE KLEINE HEXE

Buch: Die kleine Hexe
Die Lehrerin liest das Kapitel zu Ende.

Bewegungsspiel: Ausflug in die Stadt
Die Lehrerin improvisiert am Klavier, auf der Blockflöte oder dem Xylophon zu den Fortbewegungsarten Galoppieren („Hexenreiten"), Gehen und Laufen. Die Kinder bewegen sich dazu. Endet das Spiel, bleiben alle stehen.

Vers: Der Maronimann und Zauberspruch der kleinen Hexe
- Vers in Kleinmotorik

→ Verse S. 111/112

Klangimprovisation: Kaminfeuer und Winterkälte
Die Kinder sitzen im Kreis und improvisieren mit Klängen und Geräuschen. Folgende Materialien und Instrumente liegen in der Kreismitte:

Kaminfeuer:
- Zeitungspapier, Seidenpapier usw.
- Metallophon, Klanghölzchen, Holzblocktrommel, Holzröhrentrommel

Winterkälte:
- Alufolie, Heulschlauch
- Triangel, Glockenspiel, Cymbeln, Eisenglocke, Schellenkranz

Lied: Vom Hexenbesenstiel
- Lied in Großmotorik mit „Hexenbesen"
- Lied mit Instrumenten

→ Lieder S. 112

Verabschiedung

DIE KLEINE HEXE

Kaminfeuer

Edith Penz

Vers in Kleinmotorik
Den Vers sprechen und die Gesten am Platz ausführen.

FLICKER, FLACKER, FEUERLEIN,	HÄNDE ALS „ZÜNGELNDE FLAMMEN".
WARME HÄNDE, DAS IST FEIN.	SICH DIE HÄNDE REIBEN.
FLICKER, FLACKER, GEH' NICHT AUS,	HÄNDE ALS „ZÜNGELNDE FLAMMEN".
SONST IST ES SO KALT IM HAUS.	

Variante:
Weitere Reime erfinden. Sich die Nase, Arme oder Knie usw. reiben.

Beispiel:

FLICKER, FLACKER, FEUERLEIN
WARME NASEN, DAS IST FEIN.
FLICKER, FLACKER, GEH' NICHT AUS,
SONST IST ES SO KALT IM HAUS.

Der Maronimann

Sabine Hirler/Edith Penz

Vers in Kleinmotorik
Den Vers sprechen und die Gesten ausführen.

ICH BIN DER MARONIMANN,	AUF SICH ZEIGEN.
ALLE KENNEN MICH SCHON LANG.	BEI „LANG" KLATSCHEN.
AM WARMEN OFEN STEHE ICH,	MIT VERSCHRÄNKTEN ARMEN
UND TROTZDEM FRIER' ICH BITTERLICH.	„ZITTERND" AM OFEN STEHEN.
ICH BIN DER MARONIMANN,	AUF SICH ZEIGEN.
MEINE HÄNDE SIND SO KLAMM.	DIE STEIFEN UND UNBEWEGLICHEN HÄNDE BETRACHTEN.
WIE EISZAPFEN SIND MEINE FÜßE,	AUF DIE EIGENEN FÜßE SCHAUEN
VORSICHTIG, WENN ICH GLEICH NIESE!	UND ZEHEN BEWEGEN.
HAAAAPTSCHI!!!!	LAUT UND KRÄFTIG NIESEN.

DIE KLEINE HEXE

Zauberspruch der kleinen Hexe

Sabine Hirler/Edith Penz

• Vers in Kleinmotorik

Den Vers sprechen und die Gesten ausführen.

Schnipf,	Rechte Hand hält die Nase zu.
schnupf,	Linke Hand hält die Nase zu.
Hexen-	Mit den Händen „zaubern".
klecks.	Finger rasch spreizen.
Tripf,	Rechter Zeigefinger hält linkes Nasenloch zu.
tropf,	Linker Zeigefinger hält rechtes Nasenloch zu.
Schnupfen-	Mit den Händen „zaubern".
hex.	Finger rasch spreizen.
Hex'	Mit den Händen „zaubern".
Schnupfen weg	Hände rasch hinter den Rücken.
Hix,	Finger rasch nach oben spreizen.
hox,	Nach unten.
hex!	Zur Mitte.

Vom Hexenbesenstiel

Peter Heilbutt/Edith Penz

Klaviersatz: Vom Hexenbesenstiel

→ Notenanhang S. 117

Die kleine Hexe

• Lied in Kleinmotorik

Das Lied singen und die Gesten am Platz ausführen.

1. Strophe

Du dicker Besenstiel, du arbeitest so viel!	Mit einem imaginären Besenstiel im Melodierhythmus auf den Boden „klopfen".
Von Mitternacht bis gegen sechs, da reit' auf dir die kleine Hex'.	Galopprhythmus abwechselnd auf die Oberschenkel patschen.
Durch die Lüfte über Klüfte, durch die Stürme über Türme,	Hände „fliegen".
durch den Keller immer schneller, schneller, schneller, schneller, schneller	Abwechselnd auf die Oberschenkel patschen, dabei schneller werden.
Du – dicker Besenstiel!	Anhalten und mit dem imaginären Besenstiel im Melodierhythmus klopfen.

2. Strophe

Du dicker Besenstiel, du arbeitest so viel!	Mit dem imaginären Besenstiel „klopfen".
Von acht bis gegen Mitternacht, da wird mit dir Großrein gemacht. Über Bohlen Staub rausholen, in die Ecken Spinn' erschrecken	„Kehrbewegungen".
durch den Keller immer schneller, schneller, schneller, schneller, schneller	Abwechselnd auf die Oberschenkel patschen, dabei schneller werden.
Du – dicker Besenstiel!	Anhalten und mit dem imaginären Besenstiel „klopfen".

• Lied in Großmotorik mit „Hexenbesen" (Holzstab)

Das Lied singen und die Bewegungen im Raum ausführen.

„Kehren" mit dem „Hexenbesen"

Die kleine Hexe

1. Strophe

Du dicker Besenstiel,	„Hexenbesen" im Melodierhythmus
du arbeitest so viel!	auf den Boden klopfen.
Von Mitternacht bis gegen sechs,	Auf dem „Hexenbesen reiten".
da reit' auf dir die kleine Hex'.	
Durch die Lüfte über Klüfte,	Laufen und springen.
durch die Stürme über Türme,	
durch den Keller immer schneller,	Immer schneller laufen.
schneller, schneller, schneller, schneller	
Du – dicker Besenstiel!	Anhalten und „Hexenbesen" im Melodierhythmus klopfen.

2. Strophe

Du dicker Besenstiel,	„Hexenbesen" im Melodierhythmus klopfen.
du arbeitest so viel!	
Von acht bis gegen Mitternacht,	„Kehrbewegungen".
da wird mit dir Großrein gemacht.	
Über Bohlen Staub rausholen,	In verschiedenen Raumecken
in die Ecken Spinn' erschrecken,	„kehren".
durch den Keller immer schneller,	Immer schneller laufen
schneller, schneller, schneller, schneller	und „Hexenbesen" vor sich her schieben.
Du – dicker Besenstiel!	Anhalten und „Hexenbesen" im Melodierhythmus klopfen.

Lied mit Instrumenten

Die Kinder sitzen im Kreis. Klanghölzchen, Holzblocktrommel, Rührtrommel, Handtrommeln und Rasseln sind auf die Kinder verteilt.

1. Strophe

Du dicker Besenstiel,	Klanghölzchen im Melodierhythmus.
du arbeitest so viel!	
Von Mitternacht bis gegen sechs,	Galopprhythmus auf der
da reit' auf dir die kleine Hex'.	Holzblocktrommel
Durch die Lüfte über Klüfte,	Rührtrommel.
durch die Stürme über Türme,	
durch den Keller immer schneller,	Schneller werden.
schneller, schneller, schneller, schneller	
Du –	Pause.
dicker Besenstiel!	Alle Instrumente im Melodierhythmus.

Die kleine Hexe

2. Strophe

Du dicker Besenstiel,	Klanghölzchen im Melodierhythmus.
du arbeitest so viel!	
Von acht bis gegen Mitternacht,	Auf der Handtrommel
da wird mit dir Großrein gemacht.	hin- und herwischen.
Über Bohlen Staub rausholen,	Rasseln.
in die Ecken Spinn' erschrecken,	
durch den Keller immer schneller,	Rührtrommel.
schneller, schneller, schneller, schneller	
Du –	Pause.
dicker Besenstiel!	Alle Instrumente im Melodierhythmus.

Der Bratapfel

Richard Rudolf Klein
Quelle: Willkommen, lieber Tag. Band 1. Diesterweg Verlag

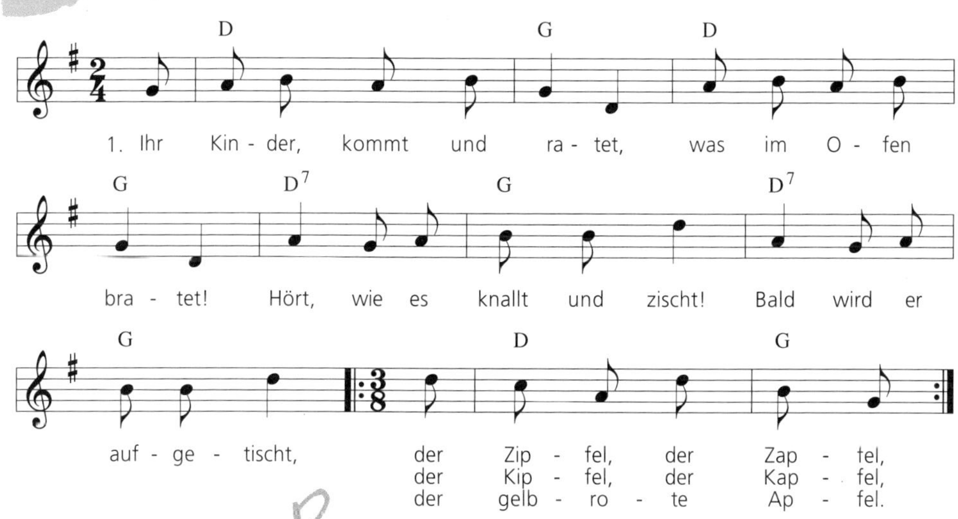

Klaviersatz: Der Bratapfel

→ Notenanhang S. 118

• Lied in Kleinmotorik

Das Lied singen und die Gesten am Platz ausführen.

Ihr Kinder kommt und ratet,	Die Kinder herbeiwinken.
was im Ofen bratet.	
Hört, wie es knallt und zischt,	Bei „knallt" und „zischt" laut klatschen.
bald wird er aufgetischt.	Beide Handflächen zeigen nach oben.
Der Zipfel, der Zapfel,	Einen imaginären Apfel von einer Hand
der Kipfel, der Kapfel,	in die andere werfen (4 x).
der gelbrote Apfel.	„Apfel" hochwerfen und auffangen.

Die kleine Hexe

● Lied mit Material: Kleine Bälle
(Moosgummibälle oder Jonglierbälle)
Das Lied singen und die Bewegungen mit dem kleinen Ball ausführen.

Ihr Kinder kommt und ratet, was im Ofen bratet.	Ball zwischen den Handflächen bewegen.
Hört, wie es knallt und zischt,	Bei „knallt" und „zischt" auf den Ball klopfen.
bald wird er aufgetischt.	Ball liegt auf den flachen Händen.
Der Zipfel, der Zapfel, der Kipfel, der Kapfel,	Ball von einer Hand in die andere werfen (4 x).
der gelbrote Apfel.	Ball hochwerfen und auffangen.

Den „Apfel" von einer Hand in die andere werfen.

DIE KLEINE HEXE

Klaviersatz: Vom Hexenbesenstiel

Text: Peter Heilbutt.
aus: Spaß am Klavierspielen.
Bärenreiter Verlag. Kassel
Satz: Edith Penz

Klaviersatz: Der Bratapfel

Richard Rudolph Klein
Satz: Edith Penz

DIE UHR VON BIMBELBOM

Stundenbild 1: Die Turmuhr

Stundenbild 2: Das Uhrenorchester

Die Uhr von Bimbelbom

Die Turmuhr

Einstimmung

→ Einstimmung S. 17

Übergang als Ratespiel: Die Uhr
Die Kinder sitzen im Kreis. Die Lehrerin formt ihre Hände zu einem imaginären „Schatzkästchen" und spricht folgenden Vers:

Vers:

Wen hab' ich wohl in meiner Hand?
Einen Schatz Euch wohl bekannt.
Ist er groß, ist er klein?
Hört in meinen Schatz hinein.
Zu raten ist es gar nicht schwer,
Philipp komm mal zu mir her.

Die Lehrerin flüstert dem Philipp „Uhrenlaute" (z. B. ding-dong, rrrrrr, ticktack) in das Ohr. Wiederholen, bis alle Kinder an der Reihe waren. Die Kinder raten.

Bewegungsspiel: Die Uhren laufen (Reaktionsspiel)
Die Lehrerin improvisiert am Klavier oder auf der Handtrommel zur Fortbewegungsart Laufen. Die Kinder bewegen sich dazu. Ertönt ein lauter Akzent, gehen alle rasch in die Hocke. Mehrmals wiederholen.

Variante:
Ein Kind führt das Laufen mit der Handtrommel.

Visuelles Wahrnehmungsspiel: Die Uhr bleibt stehen
Die Kinder laufen als „kleine Uhren" im Raum. Ein vorher bestimmtes Kind geht rasch in die Hocke, die anderen ahmen es gleichzeitig nach. Mehrmals wiederholen.

Rollentausch.

Geschichte: Die Uhr von Bimbelbom
Die Lehrerin liest die Geschichte vor.

→ Geschichte S. 133

Lied: Die Uhr von Bimbelbom

→ Lieder S. 131

- Lied in Kleinmotorik
- Taktiles Wahrnehmungsspiel zum Lied
- Lied in Großmotorik

DIE UHR VON BIMBELBOM

Auditive Wahrnehmungsspiele: Die Turmuhr schlägt

- **Uhrzeit erkennen:**

Die Kinder liegen mit geschlossenen Augen am Boden. Die Lehrerin (oder Kind) schlägt auf dem Becken z. B. drei Uhr (3 x) langsam und gleichmäßig an. Die Kinder zählen die Schläge gleichzeitig mit und nennen die Uhrzeit.

- **Klangdauer erkennen:**

Die Kinder sitzen mit geschlossenen Augen im Kreis. Die Lehrerin (oder ein Kind) schlägt einmal das Becken an. Die Augen öffnen, wenn der Klang nicht mehr zu hören ist.

- **Richtungshören:**

Die Kinder sitzen mit geschlossenen Augen verteilt im Raum. Ein Kind sucht sich einen beliebigen Platz im Raum und spielt eine Uhrzeit auf dem Becken z. B. fünf Uhr (5 x). Die anderen zeigen mit ihrer Hand in die Richtung, woher die Turmuhr schlägt und nennen die Uhrzeit.

- **Dem Klang folgen:**

Die Kinder stehen verteilt im Raum und schließen die Augen. Die Lehrerin führt die Kinder mit Cymbelklängen durch den Raum (langsames Bewegungstempo). Die Kinder folgen den Klängen. Hört die Musik auf, bleiben alle stehen.

Vers: In Bimbelbom

→ Verse S. 130

- Vers in Großmotorik
- Vers-Variante

Ruhephase: Das Ticken spüren

Die Kinder sitzen mit geschlossenen Augen im Kreis (Fersensitz) und neigen ihre Oberkörper nach vorne. Die Lehrerin spielt mit zwei Schlägel jedem Kind das gleichmäßige Ticken der Uhren auf den Rücken. Die Kinder spüren das „Ticken".

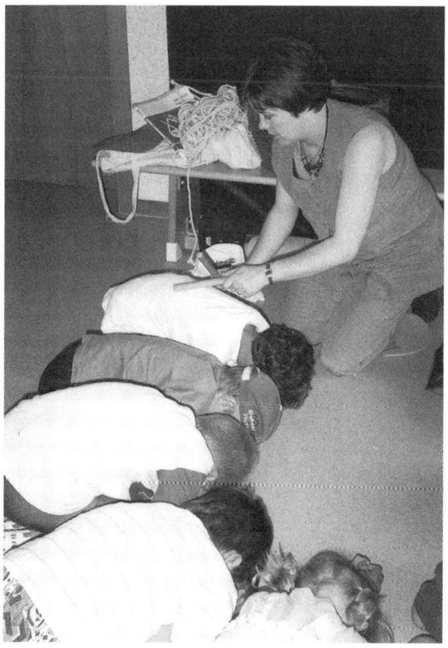

Ruhephase: Das „Ticken" spüren.

Die Uhr von Bimbelbom

Übergang als Ordnungsspiel: Instrumente austeilen

Die Lehrerin legt Becken, Handtrommeln und Klanghölzchen in die Mitte. Sie spielt jedem Kind mit der Fingercymbel einen Klang zu, worauf es sich ein Instrument aussucht.

Lied: Die Uhr von Bimbelbom

→ Lieder S. 132

- Lied mit Instrumenten

Kreatives Gestalten: Das große Zifferblatt

Gemeinsam legen die Kinder mit runden Gymnastik-Scheiben (Schaumstoff) oder Pappdeckeln ein großes buntes Zifferblatt auf den Boden. Die dazugehörigen Uhrenziffern benennen.

Hinweis:

- Mit den Ziffern 3, 6, 9 und 12 beginnen, dann die fehlenden Ziffern hinzufügen.
- Die einzelnen Ziffern farblich ordnen: z. B.

12, 1, 2	⟷	rot
3, 4, 5	⟷	grün
6, 7, 8	⟷	gelb
9, 10, 11	⟷	blau

Auditives Wahrnehmungsspiel: Ziffern suchen (Reaktionsspiel)

Die Lehrerin improvisiert auf dem Klavier oder auf der Handtrommel zur Fortbewegungsart Gehen. Die Kinder bewegen sich dazu. Die Lehrerin unterbricht ihr Spiel und ruft eine beliebige Uhrzeit hinein. Die Kinder laufen rasch zur entsprechenden Ziffer. Mehrmals wiederholen.

Lied: Die Uhr von Bimbelbom

→ Lieder S. 132

- Lied in Großmotorik am großen Zifferblatt

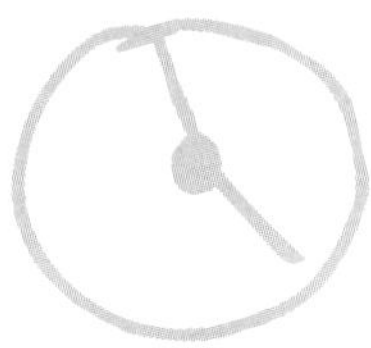

Verabschiedung

DIE UHR VON BIMBELBOM

Das Uhrenorchester

Einstimmung

→ Einstimmung S. 17

Übergang als Ratespiel: Glockenklänge

Die Kinder sitzen mit geschlossenen Augen im Kreis. Die Lehrerin spielt auf dem Becken die Glockenklänge der Turmuhr und bewegt sich dabei hin und her. Die Kinder raten. Dann ahmen die Kinder die Bewegung nach und begleiten die Glockenklänge mit der Stimme (z. B. bim-bom, ding-dong).

Bewegungsspiel: Spaziergang in Bimbelbom

Die Lehrerin spielt auf der Handtrommel zu den Fortbewegungarten Gehen, Laufen oder Hüpfen. Die Kinder bewegen sich dazu. Erklingt das Motiv der Turmuhr (langsame Schläge), bleiben alle stehen und pendeln als „Turmuhrglocken" hin und her. Mehrmals wiederholen.

Visuelles Wahrnehmungsspiel:

- **Das Uhrenpendel mit Handtrommel**

Die Kinder stehen paarweise gegenüber. Ein Kind pendelt eine an ein Litzenseil befestigte Handtrommel hin und her. Das andere Kind versucht die Handtrommel mit einem Schlägel anzuschlagen.

Rollentausch.

Variante: Das Pendeln mit der Stimme begleiten.

- **Das Uhrenpendel mit der Handtrommel zu dritt**

Die Kinder gehen zu dritt zusammen. Ein Kind pendelt die Handtrommel, die beiden anderen stehen jeweils rechts und links daneben und versuchen, die Handtrommel mit einem Schlägel anzuschlagen. Die Lehrerin improvisiert zum Pendeln der Turmuhr auf dem Klavier oder auf der Cymbel. Den Liedanfang „Die Uhr von Bimbelbom" mitsingen.

Das Uhrenpendel zu dritt

DIE UHR VON BIMBELBOM

Lied: Die Uhr von Bimbelbom

→ Lied S. 131

- Lied in Kleinmotorik
- Lied in Großmotorik
- Lied mit Instrumenten

Visuelles Wahrnehmungsspiel: Das Uhrenorchester

Die Kinder sitzen im Halbkreis. Becken, Handtrommel und Klanghölzchen sind auf die Kinder verteilt. Ein Kind tritt als „Bewegungsdirigent" vor das „Uhrenorchester" und dirigiert mit folgenden Bewegungen:

Im Stehen hin- und herpendeln	⟷	Turmuhr	⟷	Becken
Klatschen	⟷	Kleine Uhr	⟷	Handtrommel
Laufen am Platz	⟷	Armbanduhr	⟷	Klanghölzchen

Die Kinder reagieren mit ihrem Instrument auf die entsprechende Bewegung.

Rollentausch

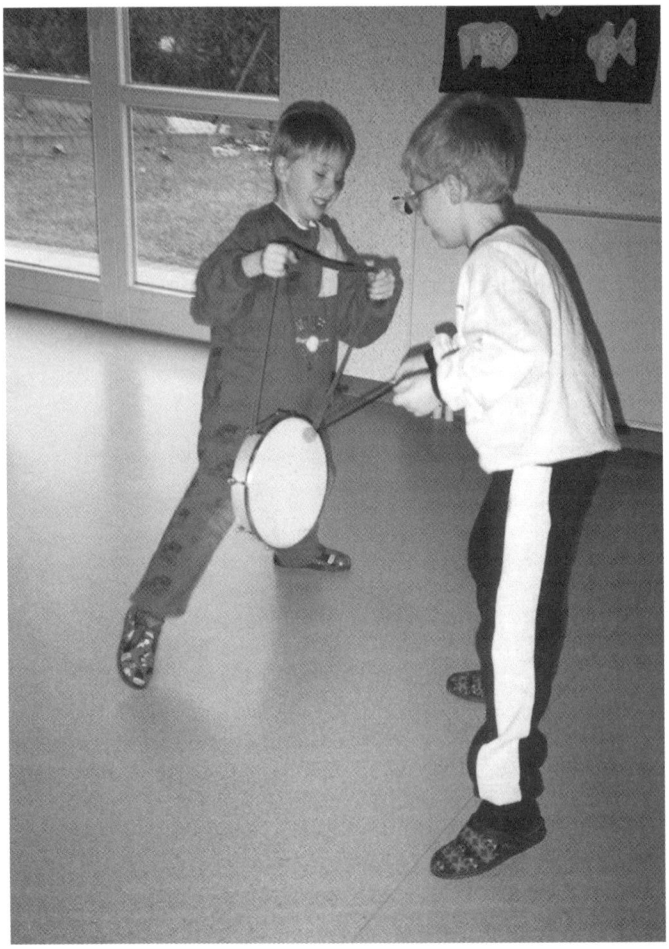

Visuelles Wahrnehmungsspiel: Das Uhrenpendel mit Handtrommel

DIE UHR VON BIMBELBOM

Vers: In Bimbelbom

→ Verse S. 130

- Vers in Großmotorik
- Variante

Kreatives Gestalten: Das große Zifferblatt

→ siehe Stundenbild 1 S. 122

Visuelles Wahrnehmungsspiel:
Die verrückte Turmuhr mit Klanghölzchen

Die Kinder stehen seitlich des großen Zifferblattes nebeneinander. Jedes Kind hat Klanghölzchen. Ein Kind bewegt sich als „verrückte Turmuhr" von Ziffer zu Ziffer: langsam oder schnell, vorwärts, rückwärts oder seitwärts. Die anderen begleiten das Bewegungstempo auf den Klanghölzchen.

Visuelles Wahrnehmungsspiel: Die verrückte Turmuhr

Bewegungsspiel: Die verdrehte Turmuhr (Reaktionsspiel)

Die Lehrerin spielt auf der Handtrommel im langsamen Gehtempo und wird immer schneller. Die Kinder bewegen sich dazu. Ertönt ein Signal (Akzent) auf der Handtrommel, bleiben alle stehen und stellen mit den Armen die verdrehten Zeiger der Turmuhr dar.

Lied: Die Uhr von Bimbelbom

→ Lieder S. 129

- Lied in Großmotorik mit Instrumenten am großen Zifferblatt.

Verabschiedung

DIE UHR VON BIMBELBOM

Sensomotorische Wahrnehmungsspiele

Führen und Folgen: Klangimprovisation der Uhren

Die Kinder sitzen in drei Gruppen im Halbkreis. Die erste Gruppe hat Becken, die zweite Handtrommel und die dritte Klanghölzchen. Ein Kind tritt als „Dirigent" vor das „Uhrenorchester" und gibt den jeweiligen Instrumentengruppen die Spieleinsätze zur Improvisation von Uhrenklängen.

Der Dirigent gibt an:

- Laut oder leise spielen (Dynamik)
- Lauter oder leiser werden (crescendo/descrescendo)
- Langsam oder schnell spielen (Tempo)
- Langsamer oder schneller werden (ritardando/accelerando)
- Alleine oder gemeinsam spielen (solo/tutti)

Rollentausch.

Führen und Folgen: Das „bewegte" Uhrenorchester

Die Kinder stehen in drei Gruppen (Turmuhren/kleine Uhren/Armbanduhren) im Halbkreis. Ein Kind tritt als „Dirigent" vor das „Uhrenorchester" und gibt den jeweiligen Gruppen die Spieleinsätze. Die Kinder reagieren mit folgenden Bewegungen und begleiten sich mit der Stimme.

Turmuhr	→	Im Stehen hin- und herpendeln	→	bim-bom
Kleine Uhren	→	Klatschen	→	tick-tack
Armbanduhren	→	Laufen am Platz oder rasche Auf- und Abbewegung der Hände	→	ticke-tacke

Der Dirigent gibt an:

- Laut oder leise spielen (Dynamik)
- Lauter oder leiser werden (crescendo/descrescendo)
- Langsam oder schnell spielen (Tempo)
- Langsamer oder schneller werden (ritardando/accelerando)
- Alleine oder gemeinsam spielen (solo/tutti)

Rollentausch.

Variante:

Zwei Kinder haben die Augen mit einem Tuch verbunden. Das tickende Metronom steht an einem beliebigen Platz im Raum. Die Kinder bewegen sich auf das Metronom zu.

Rollentausch.

Die Uhr von Bimbelbom

Auditives Wahrnehmungsspiel zum Lied „Die Uhr von Bimbelbom" am großen Ziffernblatt (Ziffern benennen)
Jedes Kind steht an einer Ziffer. Das Lied singen und folgende Bewegungen ausführen:

Bim, bom, bim, bom **schlägt die Uhr von Bimbelbom**	Im Stehen hin- und herpendeln.
Tick-tack Uhren, Knick-knack Uhren, **kleine Tick-tack Uhren spuren.**	Gehen und klatschen im Melodierhythmus.
Ticke-tacke, ticke-tacke, **alle kleinen Armbanduhren,** **ticke-tacke, ticke-tacke, ticke-tacke, tick!**	Laufen im Uhrzeigersinn.

Am Ende des Liedes stehen bleiben. Jedes Kind ist an einer neuen Ziffer angekommen und benennt diese.

Hinweis:
Zunächst das Spiel nur mit die Ziffern 3, 6, 9 und 12 ausführen.

Auditives Wahrnehmungsspiel: Die Uhrzeiger
Die Kinder stehen im Raum verteilt. Die Lehrerin schlägt auf der Cymbel oder Becken z. B. drei Uhr (3 x) an. Die Kinder reagieren mit der entsprechenden Bewegung:

12 Uhr	→	Beide Arme senkrecht nach oben strecken.
3 Uhr	→	Rechten Arm senkrecht nach oben strecken. Linken Arm waagerecht nach außen.
6 Uhr	→	Rechten Arm senkrecht nach oben strecken. Linken Arm senkrecht nach unten.
9 Uhr	→	Rechten Arm senkrecht nach oben strecken. Linken Arm waagerecht nach rechts.

Auditives Wahrnehmungsspiel: Die Uhrzeiger

Variante: Ein Kind spielt die Cymbel oder Becken.

Führen und Folgen: Die Uhrzeiger
Die Kinder stehen als Gruppe zusammen. Ein Kind tritt vor die Gruppe und zeigt mit den Armen eine bestimmte Uhrzeit. Die anderen ahmen die Bewegung gleichzeitig nach. Das Bewegungstempo kann langsam oder schnell sein. Die Uhrzeit benennen.

DIE UHR VON BIMBELBOM

Sprachspiele

- **Die „musikalische Uhr" (Metronom)**

Die Kinder sitzen mit geschlossenen Augen im Kreis. Die Lehrerin stellt ein „tickendes" Metronom in die Mitte. Die Kinder raten. Dann verschiedene Tempi einstellen und mit der Stimme oder mit Klatschen begleiten.

- **Ratespiel: Die Uhrenpost**

Die Kinder sitzen im Kreis. Ein Kind beginnt und flüstert seinem Nachbarn eine „Uhrensprache" in das Ohr. Dieser flüstert es wiederum seinem Nachbarn weiter. Weiterflüstern, bis die Uhrenpost beim ersten Kind wieder angekommen ist und die „Post" laut verkündet wird.

Ratespiel: Die Uhrenpost

Beispiele:
Tick-tack, ticke-tick, diggi-diggi-dong, bim-bom usw.

Variante:
Die Kinder sitzen im Kreis. Ein Kind flüstert seinem Nachbarn die „Uhrensprache" einer bestimmten Uhr (z. B. Wecker) in das Ohr. Dieser errät die Uhr.

DIE UHR VON BIMBELBOM

Sprachspiel: Uhrensprache

Die Kinder sitzen im Kreis und erfinden verschiedene „Uhrensprachen". Große oder kleine Uhren hören sich verschieden an. Wecker, Taschenuhren oder die Standuhr haben ihren eigenen Klang und Rhythmus.

Beispiele:

Kirchturmuhr → ding-dong
Taschenuhr → tick-tack
Wanduhr → diggi-diggi-dong
Küchenuhr → ticke-tacke-tick-tack
Wecker → rrrrrrrrr

Sprechchor: Das Uhrenorchester

Die Kinder stehen in mehreren Sprechgruppen im Halbkreis. Jede Gruppe spricht in ihrer „Uhrensprache" (siehe oben). Ein Kind tritt als „Dirigent" vor das „Uhrenorchester" und gibt den jeweiligen Gruppen die Einsätze.

Der Dirigent gibt an:

- Laut oder leise spielen (Dynamik)
- Lauter oder leiser werden (crescendo/descrescendo)
- Langsam oder schnell spielen (Tempo)
- Langsamer oder schneller werden (ritardando/accelerando)
- Alleine oder gemeinsam spielen (solo/tutti)

Rollentausch.

Das Uhrendomino

Die Kinder sitzen im Kreis. Ein Kind erfindet eine Uhrensprechsilbe, z. B. tick. Das nächste Kind wiederholt diese Silbe und erweitert um eine zweite Silbe, z. B. tick – tack. Das nächste Kind wiederholt die letzte Silbe und fügt eine neue Silbe hinzu, z. B. tack – ding. Reihum.

Die Uhrenkette

Die Kinder sitzen im Kreis. Ein Kind erfindet eine Uhrensprechsilbe, z. B. tick. Das nächste Kind wiederholt diese Silbe und erweitert um eine zweite Silbe, z. B. tick – tack. Das nächste Kind wiederholt beide Silben und fügt eine dritte Silbe hinzu, z. B. tick – tack – dong. Und so weiter.

Die Uhr von Bimbelbom

In Bimbelbom

Sabine Hirler/Edith Penz

• Vers in Großmotorik

Den Vers sprechen und die Bewegungen im Raum ausführen

ALLE HIER IN BIMBELBOM	LANGSAM UND GEMÄCHLICH IM RAUM GEHEN.
SIND GEMÜTLICH UND DARUM	
GEHN' SIE LANGSAM DURCH DEN TAG,	
JEDER GRAD SO WIE ER MAG.	
ALLE HÖREN AUF DIE UHR,	STEHEN BLEIBEN
DOCH WAS HAT SIE HEUTE NUR?	

I: DING-DONG,	2 X STAMPFEN.
TICK-TACK,	2 X KLATSCHEN.
DIGGI-DIGGI,	4X ABWECHSELND AUF DIE OBERSCHENKEL PATSCHEN.
DONG:I	KLATSCH.

WAS IST DENN HEUTE LOS?	RASCH UND HEKTISCH DURCH DEN RAUM LAUFEN.
WAS IST DENN HEUTE LOS?	
WAS IST DENN HEUT BLOß LOS IN BIMBELBOM?	
I: LEUTE SAUSEN, HETZEN, WETZEN DURCH DEN TAG,	
KEINER, KEINER SO WIE ER ES GERNE MAG.:I	

Hinweis:
II: Ding-dong ... dong :II insgesamt 4 x ausführen, dabei immer schneller werden.

• Vers-Variante

ALLE HIER IN BIMBELBOM	LANGSAM UND GEMÜTLICH IM RAUM GEHEN.
SIND GEMÜTLICH UND DARUM	
I: GEHN' SIE RÜCKWÄRTS DURCH DEN TAG,	RÜCKWÄRTS GEHEN.
JEDER GRAD SO WIE ER MAG.:I	

Weitere Fortbewegungsarten:
- geh'n sie seitwärts durch den Tag ...
- laufen alle durch den Tag ...
- hüpfen alle durch den Tag ...
- schleichen alle durch den Tag ...
- hüpfen jetzt auf einem Bein ...

Hinweis:
Das Sprechtempo dem Charakter und Tempo der jeweiligen Fortbewegungsart anpassen.

DIE UHR VON BIMBELBOM

Die Uhr von Bimbelbom

Text und Melodie: Edith Penz

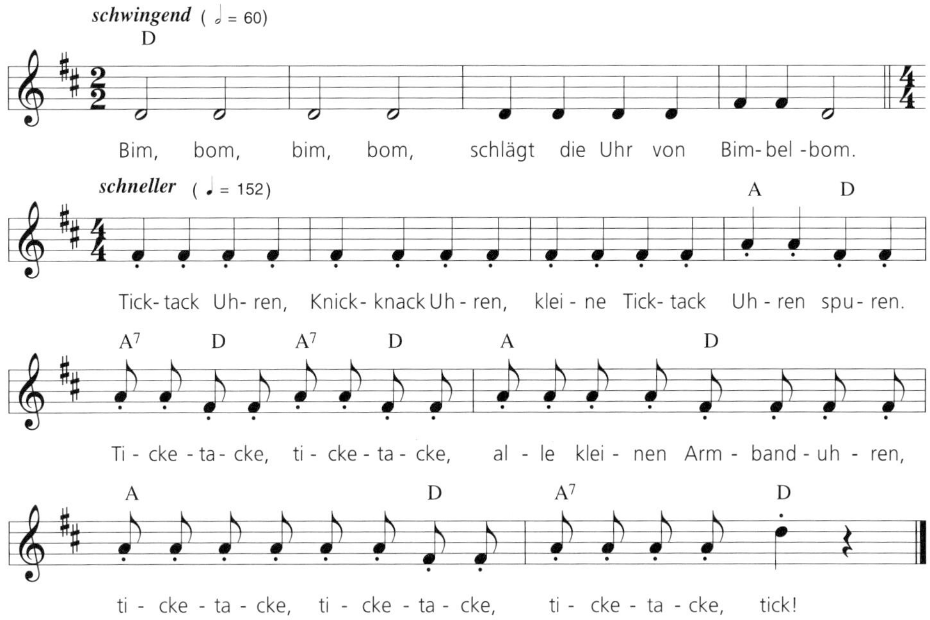

Klaviersatz: Die Uhr von Bimbelbom

→ Notenanhang S. 134

Lied in Kleinmotorik

Das Lied singen und die Gesten am Platz ausführen

BIM, BOM, BIM, BOM	MIT DEM OBERKÖRPER HIN- UND HERPENDELN.
SCHLÄGT DIE UHR VON BIMBELBOM.	(BEWEGUNGSTEMPO: HALBE NOTEN).
TICK-TACK UHREN, KNICK-KNACK UHREN,	KLATSCHEN (TEMPO: VIERTELNOTEN).
KLEINE TICK-TACK UHREN SPUREN.	
TICKE-TACKE, TICKE-TACKE,	ABWECHSELND AUF DIE OBERSCHENKEL PATSCHEN.
ALLE KLEINEN ARMBANDUHREN	(TEMPO: ACHTELNOTEN).
TICKE-TACKE, TICKE-TACKE, TICKE-TACKE, TICK!	BEI „TICK" KLATSCHEN.

Lied in Großmotorik

Das Lied singen und die Bewegungen im Raum ausführen.

BIM,BOM,BIM,BOM	IM STEHEN HIN- UND HERPENDELN.
SCHLÄGT DIE UHR VON BIMBELBOM.	
TICK-TACK UHREN, KNICK-KNACK UHREN,	GEHEN UND KLATSCHEN
KLEINE TICK-TACK UHREN SPUREN.	IM MELODIERHYTHMUS.
TICKE-TACKE, TICKE-TACKE,	KLEINE LAUFSCHRITTE.
ALLE KLEINEN ARMBANDUHREN,	
TICKE-TACKE, TICKE-TACKE, TICKE-TACKE, TICK!	BEI „TICK" KLATSCHEN.

Die Uhr von Bimbelbom

Lied mit Instrumenten

Die Kinder sitzen im Kreis. Cymbeln oder Becken, Handtrommeln und Klanghölzchen sind auf die Kinder verteilt.

Bim, bom, bim, bom	Cymbel 8 x anschlagen
schlägt die Uhr von Bimbelbom.	(Tempo: halbe Noten)
Tick-tack Uhren, Knick-knack Uhren,	Handtrommel 16 x anschlagen
kleine Tick-tack Uhren spuren.	(Tempo: Viertelnoten)
Ticke-tacke, ticke-tacke,	Klanghölzchen 32 x anschlagen
alle kleinen Armbanduhren,	(Tempo: Achtelnoten)
ticke-tacke, ticke-tacke, ticke-tacke, tick!	

Anmerkung:
Das Zusammenspiel der unterschiedlichen Tempi wird über das Singen und das Instrumentalspiel erfahren. Die Kinder lernen das Metrum (Viertelnoten), das halbe Tempo (halbe Noten) und das doppelte Tempo (Achtelnoten) zu unterscheiden.

Lied in Großmotorik am großen Zifferblatt mit Instrumenten

Jedes Kind steht an einer Ziffer. Becken, Handtrommeln und Klanghölzchen sind auf die Kinder verteilt. Das Lied singen und mit den Instrumenten begleiten:

Turmuhr →	Hin- und Herpendeln am Platz →	Becken
Kleine Uhren →	Gehen am Platz →	Handtrommel
Armbanduhren →	Laufen innerhalb des Zifferblatts, am Liedende an der eigenen Ziffer sein →	Klanghölzchen

Taktiles Wahrnehmungsspiel zum Lied

Die Kinder sitzen im Kreis hintereinander. Das Lied singen und den Melodierhythmus mit den Händen auf den Rücken klopfen.

Variante:
Den Melodierhythmus mit zwei Schlägel oder Klanghölzchen auf den Rücken klopfen.

Variante:
Die Kinder sitzen paarweise hintereinander.

Lied als taktiles Wahrnehmungsspiel

DIE UHR VON BIMBELBOM

Sehr weit von hier liegt das Dorf Bimbelbom. Am Marktplatz steht dort eine uralte Kirche mit einem sehr hohen Turm. Und in diesem hohen Turm befindet sich eine Uhr. Oh, eine sehr schöne Uhr. Ihr Klang war rein und dunkel. Und sie hatte zwei Zeiger, die Tag und Nacht treu um das Zifferblatt herumliefen. Aber das schönste an der Uhr von Bimbelbom waren weder ihr Ton noch ihre Zeiger, das schönste war, dass sie sehr genau ging. Natürlich besaß in ganz Bimbelbom niemand eine Uhr. Was hätte man auch damit anfangen sollen, wo doch im Kirchturm eine Uhr war, die so genau ging? Das ganze Leben in Bimbelbom wurde von dieser Uhr bestimmt: Um sechs Uhr aufstehen, um sieben Uhr frühstücken, um acht Uhr gingen die Erwachsenen zur Arbeit. Um neun Uhr wurden die Kinder in den Kindergarten gebracht. Und so ging es den ganzen Tag fort. Um sieben Uhr mussten die Kinder ins Bett. Um acht Uhr machten die Erwachsenen noch einen kleinen Abendspaziergang. Und um neun Uhr krochen sie alle unter die Decken und schliefen ein. Dann war im ganzen Dorf keiner mehr wach außer der alten Uhr.

Aber eines Nachts geschah etwas Seltsames. Genau um zwölf Uhr begann die Uhr plötzlich doppelt so schnell als sonst zu laufen! Als es ein Uhr war, stand der kleine Zeiger schon auf zwei, und die Uhr schlug auch zweimal. Als es zwei Uhr war, stand der Zeiger schon auf vier, und die Uhr schlug viermal, und als es drei Uhr war, schlug die Uhr sechs. Die Sonne war natürlich noch längst nicht aufgegangen. Aber die Mütter und Väter von Bimbelbom sprangen aus dem Bett und weckten ihre Kinder.

„Sechs Uhr, aufstehen!" riefen sie. „Aber es ist doch noch so dunkel!" klagten die Kinder. „Das macht nichts", sagten die Mütter. „Schaut nur auf die Uhr, dann seht ihr selbst, wie spät es ist. Also vorwärts, aus dem Bett mit euch ...!" Die Eltern gingen jetzt in die Küche, um das Frühstück zurechtzumachen. Aber es war erschreckend, wie heute die Zeit verging! Sie mussten sich furchtbar beeilen, damit das Frühstück Punkt sieben auf dem Tisch stand! Und die Uhr lief und lief! „Kommt schnell frühstücken!" riefen sie ihren Kindern zu. „Es ist schon nach sieben, die Zeit vergeht heute rasend schnell! Wir kommen sonst noch zu spät!"

Alle schlangen eilig das Frühstück hinunter. „Mein Gott, wie die Zeit vergeht!" dachten sie. Aber als die Uhr acht schlug, waren sie gerade fertig. Und die Kinder? Als sie in den Kindergarten kamen, war es noch stockdunkel. Die Erzieherin musste Licht machen. Und das Singen und Spielen musste heute rasend schnell gehen, denn die Zeit war im Nu vorbei. Die Kinder mussten ihre Lieder doppelt so schnell singen, die Erzieherin jagte wie eine Wilde auf ihrem Motorrad durch das Dorf. Und alle Einwohner von Bimbelbom magerten ab ...

Viele Jahre später verirrte sich ein Wanderer in den Bergen und kam dabei zufällig nach Bimbelbom. Dieser Mann trug eine Armbanduhr. „Was hetzt ihr euch denn nur alle so ab?" fragte er die Einwohner von Bimbelbom verwundert. „Ihr rennt ja umher, als ob ihr einen Bienenschwarm in der Hose hättet. Und ihr schlingt euer Essen so hastig hinunter und redet wie ein Wasserfall." Er ließ sich vom Küster den Schlüssel zum Turm aushändigen und stieg die Treppen zur Uhr hinauf. „Natürlich, hab' ich mir doch gleich gedacht", murmelte er. „Die Kirchturmeulen sind wieder einmal daran schuld! Die müssen aber auch immer die Turmuhren durcheinander bringen!"

nach Cornelius Wilkeshuis
aus: „Sehr weit von hier liegt das Dorf Bimbelbom".
Erschienen in: Mein Lesebuch 2. Ausgabe B. 1990.
Bayrischer Schulbuch-Verlag

DIE UHR VON BIMBELBOM

Was war geschehen? Im Uhrwerk hatten Eulen ihr Nest gebaut und dabei einen Hebel beiseite geschoben. Dadurch kam es, daß die Uhr jetzt doppelt so schnell ging wie früher! Der Wanderer überlegte nicht lang, sondern entfernte sorgfältig das Nest. Und dann ... ja, dann lief die Uhr plötzlich wieder ganz normal. Und von jetzt ab lebten die Bewohner von Bimbelbom ruhig und gemütlich nach ihrer alten Turmuhr.

Klaviersatz: Die Uhr von Bimbelbom

Edith Penz

Briefe von Felix

Stundenbild 1: In London

Stundenbild 2: In London und Paris

Stundenbild 3: In Rom

Stundenbild 4: In Ägypten

Stundenbild 5: In Kenia

Stundenbild 6: In New York

Stundenbild 7: Felix' Weltreise

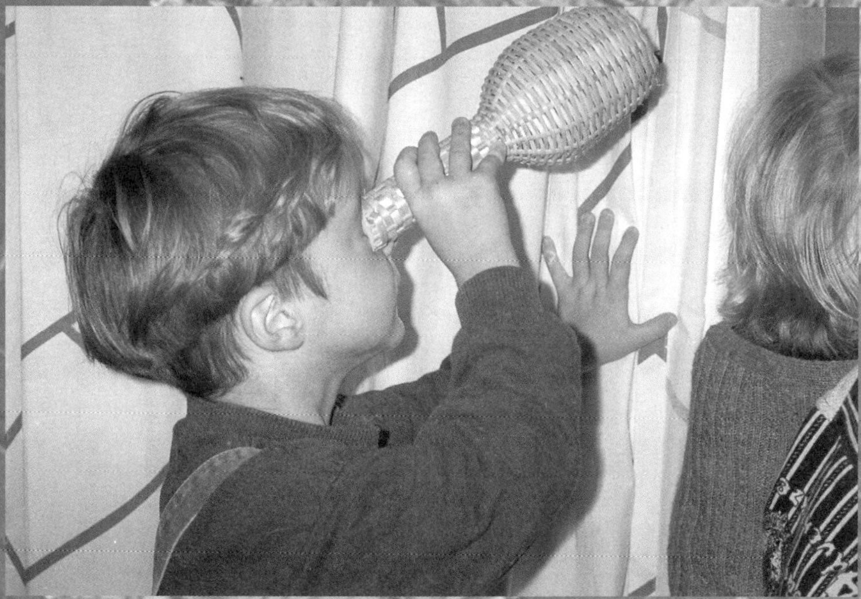

BRIEFE VON FELIX

IN LONDON

Einstimmung

→ Einstimmung S. 17

Begrüßungslied „Hey kids, I say hello"

→ Lieder S. 17

Bewegungsspiel: Sich begrüßen
Die Lehrerin improvisiert am Klavier oder auf der Blockflöte zur Fortbewegungsart Gehen und Hüpfen. Die Kinder bewegen sich dazu. Hört die Musik auf, gehen sie paarweise zusammen und begrüßen sich auf Englisch mit „hello" oder „Good morning". Mehrmals wiederholen.

Bilderbuch: Briefe von Felix
Die Lehrerin liest bis zum Brief aus London. Anschließend liest sie den Brief vor und zeigt die Sehenswürdigkeiten aus London.

→ Material: Briefe von Felix. Annette Langen/ Conszanzta Dropp. Coppenrath Verlag

Lied: Hase Felix zur Melodie Bruder Jakob
- Lied in Kleinmotorik
- Lied in Großmotorik

→ Lieder S. 164

Auditives Wahrnehmungsspiel: Felix im Flugzeug
Die Kinder liegen als „Flugzeuge" auf dem Bauch und haben die Arme seitlich ausgestreckt. Die Lehrerin führt mit der Rührtrommel Start, Flug und Landung der „Flugzeuge". Die Kinder bewegen sich dazu.

Start	→	langsam spielen und allmählich schneller werden	→	langsam aufrichten
Flug	→	schnell spielen	→	„Fliegen" im Raum
Landung	→	allmählich langsamer werden	→	auf dem Bauch „landen"

Variante:
Ein Kind spielt die Rührtrommel.

Anschließend erzählt die Lehrerin von Felix' Landung in London und singt folgendes Lied:

Lied: Are you sleeping
- Lied in Kleinmotorik
- Lied in Kleinmotorik als Echospiel
- Lied in Großmotorik

→ Lieder S. 165

Lied: Bruder Jakob
- Lied in Großmotorik

→ Lieder S. 165

Vers: Palastwache

→ Verse S. 162

- Vers in Großmotorik

Vers: Die Palastwache

Darstellendes Spiel: Der Spaßmacher

Die Kinder stehen als „ernste Palastwache" im Kreis. Ein Kind als „Spaßmacher" versucht die Palastwache durch Grimassen und Faxen zum Lachen zu bringen.

Hinweis:

Der Vers „Palastwache" und das Darstellende Spiel „Der Spaßmacher" werden nacheinander ausgeführt. Wiederholen, bis jedes Kind ein Spaßmacher war.

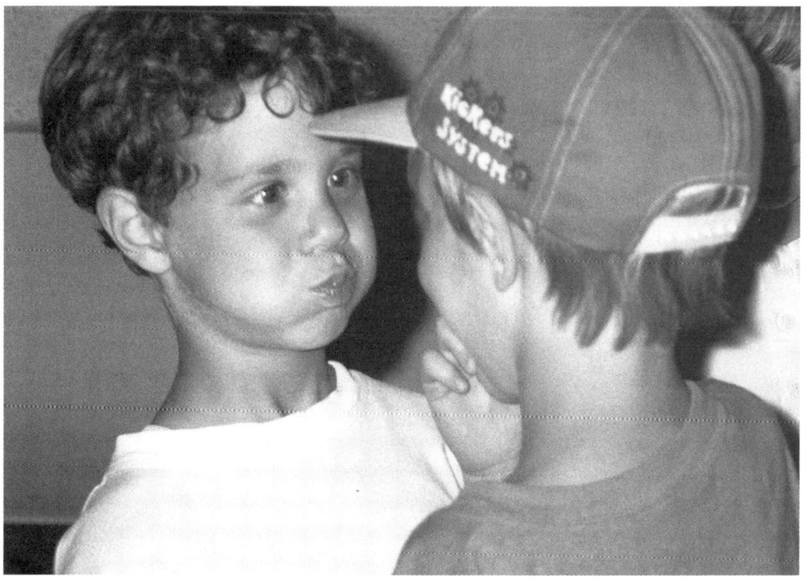

Der Spaßmacher

BRIEFE VON FELIX

Vers: Palastwache

→ Verse S. 162

- Vers in Großmotorik mit Handtrommel
- Variante

Ruhephase: Kirchenglocken
Die Kinder liegen mit geschlossenen Augen am Boden. Die Lehrerin spielt auf verschieden großen Cymbeln oder Becken Glockenklänge.

Übergang: Seile austeilen
Die Lehrerin legt neben jedes Kind ein Seil. Ertönt ein Signal (Cymbel), öffnen die Kinder die Augen.

Bewegungsspiel: Auf der Tower-Bridge (mit Seilen)
Die Kinder legen mit mehreren Seilen die „Brücke" auf den Boden. Dann stellen sie sich vor die „Brücke". Die Lehrerin improvisiert auf dem Xylophon zu den Fortbewegungsarten Gehen, Laufen oder Hüpfen. Jeweils ein Kind bewegt sich dazu über die „Brücke". Wiederholen, bis alle über die „Brücke" sind.

Lieder: Hase Felix/Are you sleeping/Bruder Jakob

→ Lieder S.165

- Lied in Kleinmotorik
- Lied mit Instrumenten

Visuelles Wahrnehmungsspiel: Bruder Jakob
Die Kinder sitzen im Halbkreis. Xylophon-Klangbausteine (Töne f, a, c), Triangel, Schellenkranz und Cymbel sind auf die Kinder verteilt. Ein Kind tritt als „Bewegungsdirigent" vor die Gruppe und gibt mit folgenden Bewegungen die Spieleinsätze:

Klatschen im Metrum	→	Xylophon-Klangbausteine
Schlafgeste	→	Triangel
Laufen am Platz oder Raum	→	Schellenkranz
Hin- und Herpendeln	→	Cymbel

Die Kinder reagieren mit ihrem Instrument auf die entsprechende Bewegung. Rollentausch.

Verabschiedung

BRIEFE VON FELIX

In London und Paris

Einstimmung

→ Einstimmung S. 17

Begrüßungslied „Hey kids, I say hello"

→ Lieder S. 17

Bewegungsspiel: Sich begrüßen

Die Lehrerin improvisiert am Klavier oder auf der Blockflöte zur Fortbewegungsart Gehen und Hüpfen. Die Kinder bewegen sich dazu. Hört die Musik auf, gehen sie paarweise zusammen und begrüßen sich auf Englisch mit „hello" oder „Good morning". Mehrmals wiederholen.

Variante:
Sich auf Französisch mit „bonjour" begrüßen.

Lied: Hase Felix/Bruder Jakob

→ Lieder S. 165

- Lied in Kleinmotorik
- Lied in Kleinmotorik als Echospiel
- Lied in Großmotorik

Auditives Wahrnehmungsspiel: Felix im Flugzeug

→ siehe Stundenbild 1 S. 135

Felix im Flugzeug

Anschließend erzählt die Lehrerin von Felix' Landung in London und singt folgendes Lied:

Lied: Are you sleeping

→ Lieder S. 165

- Lied in Kleinmotorik

BRIEFE VON FELIX

Spiel: Die Palastwache schläft
Die Kinder liegen als „Palastwache" steif und unbeweglich am Boden. Die Lehrerin stellt jede „Palastwache" aufrecht und „kontrolliert" die Körperspannung durch Abklopfen von Armen und Beinen.

Vers: Palastwache

→ Verse S. 162

- Vers in Großmotorik

Übergang als Ordnungsspiel: Handtrommel austeilen
Die Kinder sprechen den Versanfang („Steif und groß mit Bärenmütze marschieren wir hier in der Hitze.") und marschieren als „Palastwache" im Raum. Die Lehrerin begleitet das Marschieren auf der Handtrommel (mit Schlägel). Am Versende bleiben alle stehen. Die Lehrerin teilt zwei bis drei Kindern jeweils eine Handtrommel mit Schlägel aus. Den Vers wiederholen, bis alle eine Handtrommel haben.

Visuelles Wahrnehmungsspiel: Die Offizierstrommel
Die Kinder marschieren als „Palastwache" im Raum und begleiten die Gehschritte auf der Handtrommel. Bleibt ein vorher bestimmtes Kind als „Offizier" stehen, bleiben alle stehen und hören gleichzeitig auf zu spielen.

Rollentausch.

Variante:
Ein Kind marschiert als „Offizier" im Raum. Die anderen stehen als „Palastwache" in einer Reihe und begleiten die Gehschritte auf der Handtrommel.

Rollentausch.

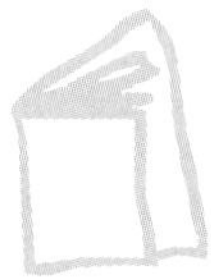

Bilderbuch: Briefe von Felix
Die Lehrerin liest den Brief aus Paris und die darauf folgende Seite vor.

Auditives Wahrnehmungsspiel: Felix im Flugzeug

→ siehe Stundenbild 1 S. 136

Anschließend erzählt die Lehrerin von Felix' Landung in Paris und singt folgendes Lied:

Lied: Frère Jacques

→ Lieder S. 165

- Lied in Kleinmotorik
- Lied in Kleinmotorik als Echospiel
- Lied in Großmotorik

Bewegungsspiel: Der Eiffelturm (Reaktionsspiel)
Die Lehrerin spielt auf der Pauke (am Rand anschlagen) oder Handtrommel zur Fortbewegungsart Laufen. Die Kinder bewegen sich dazu. Ertönt ein Signal (Akzent), bleiben alle als „Eiffelturm" stehen.

BRIEFE VON FELIX

Variante:
Ein Kind spielt die Pauke oder Handtrommel.

Ruhephase: Tennisball spüren
Die Kinder sitzen mit geschlossenen Augen im Kreis (Fersensitz) und neigen den Oberkörper nach vorn. Die Lehrerin rollt jedem Kind einen Tennisball über den Rücken. Dann legt sie den Tennisball daneben.

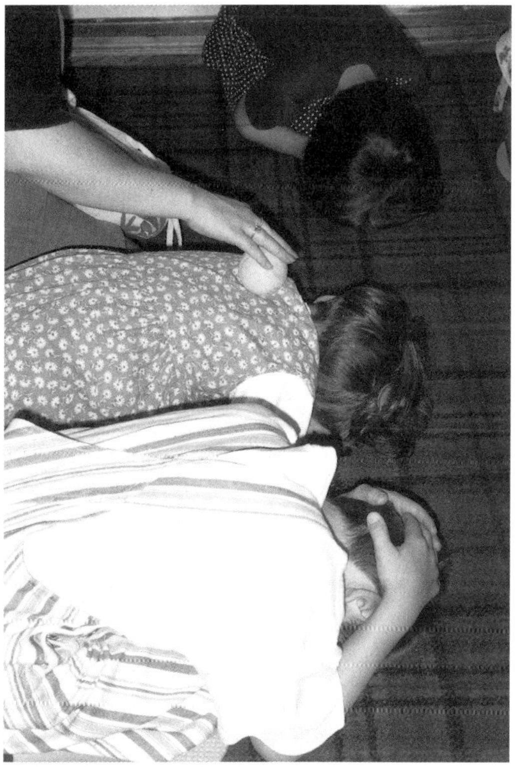

Ruhephase: Tennisball spüren

Boule mit Tennisbällen

Boule mit Tennisbällen

Bewegungsspiel: Boule mit Tennisbällen
Ein Seil markiert das Spielfeld. Die Kinder sitzen hinter dem Seil und haben jeweils einen Tennisball. Etwa 10 Tennisbälle liegen 2–3 Meter davon entfernt zusammen. Jeweils ein Kind versucht mit seinem Ball, diese zu treffen.

Variante:
Die Lehrerin gibt mit der Cymbel oder Handtrommel (crescendo mit Akzent) jedem Kind seinen Einsatz.

Lied: Hase Felix/Bruder Jakob/Are you sleeping/Frère Jacques
- Lied in Kleinmotorik als Echospiel
- Lied als Tanz

→ Lieder S. 165

Verabschiedung

BRIEFE VON FELIX

In Rom

Einstimmung

→ Einstimmung S. 17

Begrüßungslied „Hey kids, I say hello"

→ Lieder S. 17

Bewegungsspiel: Sich begrüßen

Die Lehrerin improvisiert am Klavier oder auf der Blockflöte zur Fortbewegungsart Gehen und Hüpfen. Die Kinder bewegen sich dazu. Hört die Musik auf, gehen sie paarweise zusammen und begrüßen sich auf Französisch mit „bonjour". Mehrmals wiederholen.

Variante:

Sich auf Italienisch mit „buon giorno" begrüßen.

Lied: Hase Felix/Bruder Jakob/Are you sleeping/Frère Jacques

→ Lieder S. 165

- Lied in Kleinmotorik
- Lied in Kleinmotorik als Echospiel
- Lied in Großmotorik

Bilderbuch: Briefe von Felix

Die Lehrerin liest den Brief aus Rom und die darauf folgende Seite vor.

Auditives Wahrnehmungsspiel: Felix im Flugzeug

→ siehe Stundenbild 1 S.136

Anschließend erzählt die Lehrerin von Felix' Landung in Rom und singt folgendes Lied:

Lied: Fratello Giacobe

→ Lieder S.165

- Lied in Kleinmotorik
- Lied in Großmotorik

Auditives Wahrnehmungsspiel: „Die Eisglocke" und Darstellendes Spiel „Der Eisverkäufer"

Die Eisglocke:

Die Lehrerin improvisiert am Klavier oder Xylophon zur Fortbewegungsart Laufen. Die Kinder bewegen sich dazu, sie laufen zum „Eisstand". Bald hören sie die „Glocke" des Eisverkäufers (die Lehrerin spielt auf der Triangel). Daraufhin schließen die Kinder die Augen und folgen dem Klang der „Glocke" (die Lehrerin geht durch den Raum). Hört das Klingeln auf, bleiben alle stehen und öffnen die Augen.

Der Eisverkäufer:

Der „Eisverkäufer" (Kind) hat eine Cymbel und fragt ein Kind nach seinen Wünschen. Daraufhin schlägt der „Eisverkäufer" die Anzahl der Eiskugeln auf der Cymbel an. Dann überreicht er dem Kind das imaginäre Eis. Wiederholen, bis jedes Kind ein „Eis" hat. Anschließend improvisiert die Lehrerin am Klavier zur Fortbewegungsart Gehen. Die Kinder gehen gemütlich durch die Straßen von Rom und essen ihr „Eis".

Der Eisverkäufer

Hinweis:

Die Spiele „Die Eisglocke" und „Der Eisverkäufer" werden nacheinander ausgeführt mit Rollentausch.

Vers: In Rom

→ Verse S. 162

- Vers in Großmotorik

Auditives Wahrnehmungsspiel: Gerade und krumme Straßen in Rom

Die Lehrerin spielt auf der Handtrommel oder Cymbel zur Fortbewegungsart Gehen im gleichmäßigen Tempo. Die Kinder gehen geradeaus. Spielt sie unterschiedliche Tempi, gehen die Kinder krumme und kurvige Wege.

Variante:

Ein Kind führt mit dem Instrument.

Hinweis:

Der Vers „In Rom" und das Spiel „Straßen in Rom" werden nacheinander ausgeführt.

Ruhephase: Im Park

Kinder liegen mit geschlossenen Augen am Boden. Die Lehrerin improvisiert auf der Blockflöte das „Vogelgezwitscher im Park".

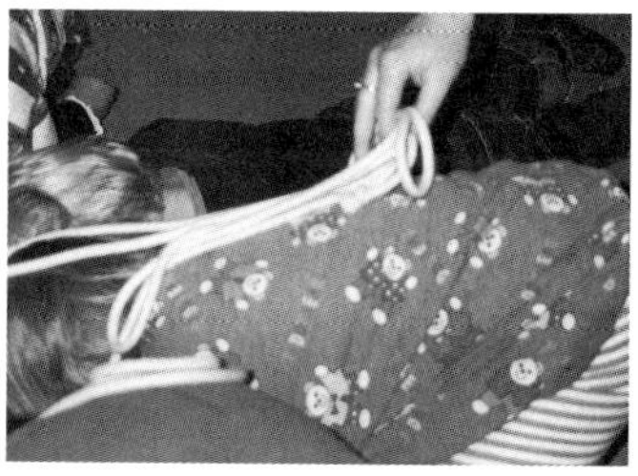

Mit dem Seil über den Rücken streichen

Übergang: Seile austeilen

Die Lehrerin streicht jedem Kind mit einem Seil über den Rücken (Äste und Blätter) und legt es dann auf dem Rücken ab.

BRIEFE VON FELIX

Experimentierphase: Gerade und krumme Straßen mit Seilen

Jedes Kind legt mit seinem Seil eine gerade oder krumme Straße auf den Boden. Dann balanciert jedes auf seiner „Straße".

Kreatives Gestalten: Gerade und krumme Straßen mit Seilen

Die Kinder legen gemeinsam das „Straßennetz" von Rom mit geraden und krummen Straßen. Dann balancieren alle auf den „Straßen".

Kreatives Gestalten: Gerade und krumme Straßen von Rom

Variante:

Einige Kinder stellen kleine, krumme, hohe oder breite „Häuser" dar, die neben den Straßen stehen. Die anderen balancieren auf den „Straßen" um die „Häuser" herum.

Auditives Wahrnehmungsspiel:

Die Lehrerin oder ein Kind spielt auf der Cymbel oder Rassel zum Balancieren. Die Kinder bewegen sich dazu auf ihren „Straßen". Hört das Instrument auf, bleiben alle stehen.

Sensomotorische Wahrnehmungsspiele: Römische Zahlen

Die römischen Zahlen (I, II, III, IV, V) werden mit Klanghölzchen, verteilt im Raum, auf den Boden gelegt.

- **Visuelles Wahrnehmungsspiel**

Die Lehrerin improvisiert am Klavier oder auf der Blockflöte zur Fortbewegungsart Laufen oder Hüpfen. Die Kinder bewegen sich dazu. Hört die Musik auf, zeigt die Lehrerin eine bestimmte Zahl, z. B. IV mit drei Fingern. Die Kinder laufen zur entsprechenden römischen Zahl. Mehrmals wiederholen.

BRIEFE VON FELIX

- **Auditives Wahrnehmungsspiel:**

Kinder gehen um die römischen Zahlen spazieren. Ein Kind hat Klanghölzchen und gibt während des Gehens ein Signal, z. B. 5 x klopfen. Daraufhin laufen alle zur entsprechenden römischen Zahl. Mehrmals wiederholen.

Rollentausch.

- **Taktiles Wahrnehmungsspiel:**

Die Kinder sitzen paarweise hintereinander. Ein Kind „schreibt" eine römische Zahl auf den Rücken. Daraufhin legt das andere Kind die römische Zahl mit Klanghölzchen auf den Boden.

Rollentausch

Lied: Bruder Jakob/Are you sleeping/Frère Jacques/ Fratello Giacobe

→ Lieder S. 165

- Lied in Kleinmotorik
- Lied als Tanz mit Solist

Verabschiedung

BRIEFE VON FELIX

In Ägypten

Einstimmung

→ Einstimmung S. 17

Begrüßungslied „Hey kids, I say hello“

→ Lieder S. 17

Bewegungsspiel: Sich begrüßen

Die Lehrerin improvisiert am Klavier oder auf der Blockflöte zur Fortbewegungsart Gehen und Hüpfen. Die Kinder bewegen sich dazu. Hört die Musik auf, gehen sie paarweise zusammen und begrüßen sich auf italienisch mit „buon giorno“. Mehrmals wiederholen.

Variante:
Sich auf Arabisch mit „salem maleikum“ begrüßen.

Lied: Bruder Jakob/Are you sleeping/Frère Jacques/ Fratello Giacobe

→ Lieder S. 164

- Lied in Kleinmotorik
- Lied in Kleinmotorik mit Vorsänger

Auditives Wahrnehmungsspiel: Felix im Flugzeug

→ siehe Stundenbild 1 S. 136

Anschließend erzählt die Lehrerin von Felix' Landung in Kairo und singt folgendes Lied:

Lied: Achi Jacob

→ Lieder S. 165

- Lied in Kleinmotorik
- Lied als Tanz

Bilderbuch: Briefe von Felix

Die Lehrerin liest den Brief aus Kairo und die darauf folgende Seite vor.

Übergang: Rhythmik-Spanstäbchen austeilen

Nach dem Betrachten des geheimen Pyramidenplanes (Königsgrab, Schatzkammer, Fallgrube) und der ägyptischen Geheimschrift (Hieroglyphen), teilt die Lehrerin jedem Kind zehn Rhythmik-Spanstäbchen aus.

Kreatives Gestalten: Ägyptische Geheimzeichen mit Rhythmik-Spanstäbchen

Jedes Kind legt mit seinen Rhythmik-Spanstäbchen ein „Geheimzeichen“ auf den Boden. Dann gehen alle von einem „Geheimzeichen“ zum anderen. Jedes Kind erklärt sein Zeichen.

Kreatives Gestalten: Ägyptische Geheimzeichen

Variante:
Die Kinder legen paarweise mit Rhythmik-Spanstäbchen und bunten Seilen „Geheimzeichen“.

BRIEFE VON FELIX

Variante:
Alle Kinder legen gemeinsam ein großes „Geheimzeichen".

Kinder-Pyramide

Kreatives Gestalten: Die Pyramide

- Mit Rhythmik-Spanstäbchen:
  Jedes Kind legt mit jeweils drei Spanstäbchen eine Pyramide.

- Kinder-Pyramide:
  Jeweils drei oder sechs Kinder legen sich als Pyramide auf den Boden.

Variante:
Vier Kinder legen sich in Abständen nebeneinander auf den Boden. Drei Kinder legen sich in die dadurch entstandenen Zwischenräume. Wiederum zwei Kinder in die nächsten beiden Zwischenräume, zum Schluss legt sich ein Kind in den letzten Zwischenraum. Jeweils ein Kind steht auf und betrachtet die Pyramide von allen Seiten.

Hinweis:
Eine vollständige Pyramide lässt sich mit 6, 10 oder 15 Kindern bilden.

Führen und Folgen: Der Kameltreiber in der Wüste

(Partnerspiel mit Seil/Tuch/Schellenband)
Die Kinder gehen paarweise zusammen. Ein Kind als „Kameltreiber" legt dem anderen Kind (Kamel) das Geschirr (Seil) um: Die Seilmitte um den Nacken legen, dann die Seilenden unter den Achseln nach hinten führen. Dem „Kamel" ein Schellenband um den Knöchel binden und dem „Kameltreiber" einen Turban um den Kopf wickeln (zwei Tücher zusammenbinden). Die Lehrerin improvisiert auf zwei Metallophon-Klangbausteinen (z. B. Töne d und g) zu den langsamen, wankenden Schritten der Kamele und spricht:

LANGSAM, VORSICHTIG, WANKT DAS KAMEL.

BRIEFE VON FELIX

Die Kinder bewegen sich als „Kamel und Kameltreiber" dazu. Hört die Musik auf, legen sich die „Kamele" mit angezogenen Armen und Beinen in den Sand. Mehrmals wiederholen mit Rollentausch.

Variante:
Jedes „Kamel" hat ein Sandsäckchen auf dem Kopf. Legt sich das Kamel zu Boden, soll das Säckchen nicht herunterfallen.

Auditives Wahrnehmungsspiel: Die Kamelherde
Ein Kind als „Kameltreiber" spielt auf der Cymbel die langsamen Schritte der „Kamele". Die Kinder bewegen sich als „Kamelherde" (Gruppe) dazu mit zwei Sandsäckchen auf den Schultern. Hört die Cymbel auf, legen sich die „Kamele" in den „Sand".

Rollentausch

Variante „Die Kamelkarawane":
Die „Kamele" gehen hintereinander und sind mit Tüchern oder Seilen miteinander verbunden.

Lied: Achi Jacob

→ Lieder S. 165

- Lied in Kleinmotorik mit Vorsänger
- Lied mit Instrumenten

Verabschiedung

BRIEFE VON FELIX

In Kenia

Einstimmung

→ Einstimmung S. 17

Begrüßungslied: Hey kids, I say hello

→ Lieder S. 17

Bewegungsspiel: Sich begrüßen

Die Lehrerin improvisiert am Klavier oder auf der Blockflöte zur Fortbewegungsart Gehen und Hüpfen. Die Kinder bewegen sich dazu. Hört die Musik auf, gehen sie paarweise zusammen und begrüßen sich auf Kisuaheli mit „jambo" (sprich = tschambo). Mehrmals wiederholen.

Sprachspiel: Kenianisches Begrüßungsritual

Die Kinder stehen in zwei Gruppen gegenüber und begrüßen sich mit folgendem Dialog

1. Gruppe grüßt:	2. Gruppe antwortet:
Jambo (= Guten Tag)	Si jambo (= Guten Tag)
Habari (= Wie geht`s?)	Mzuri sana (= Sehr gut)
Asante sana (= Vielen Dank)	

Nach dem Begrüßungsritual verbeugen. Mehrmals wiederholen.

Rollentausch.

Bilderbuch: Briefe von Felix

Die Lehrerin liest den Brief aus Kenia und die darauf folgende Seite vor.

Auditives Wahrnehmungsspiel: Reise nach Kenia

Die Kinder stehen verteilt im Raum. Ein Kind hat ein Glockenspiel, ein zweites eine Handtrommel und ein drittes einen Schellenkranz. Ein viertes Kind gibt als „Dirigent" durch Antippen (Schulter) der Instrumentalisten die Spieleinsätze. Ein erstes Antippen bedeutet „beginne das Spiel", ein zweites Antippen bedeutet „beende das Spiel". Die anderen reagieren auf die Klänge und Geräusche mit folgenden Bewegungen im Raum:

Ein Kind gibt durch Antippen die Spieleinsätze

Glissandi auf dem Glockenspiel	→ Sich hin- und herwiegen	→ Schiffsreise
Mit den Fingernägeln auf der Handtrommel kratzen	→ Sich ruckartig vor- und zurückbewegen; Arme in Gegenbewegung	→ Zugreise
Schellenkranz	→ Sich rütteln und schütteln	→ Klappriger Bus

Rollentausch.

BRIEFE VON FELIX

Lied: Ndugu Jakubu

→ Lieder S. 165

- Lied in Kleinmotorik
- Lied als Echospiel
- Lied in Großmotorik

Ratespiel: Tiere im Dschungel

Die Kinder sitzen mit geschlossenen Augen am Boden. Die Lehrerin fächert „Wind" über die Kinder. Dabei ahmt sie die charakteristischen Rufe der Tiere im Dschungel nach: Löwe, Schlange, Affe usw. Die Kinder raten das Tier.

Bewegungsspiel: Im Dschungel

Die Kinder bewegen sich als Giraffe, Panther, Elefant, Krokodil oder Schlange im „Dschungel". Die Lehrerin begleitet die verschiedenen Bewegungsarten auf der Handtrommel.

Das Krokodil

Ruhephase: Klapperschlange

Die Kinder liegen mit geschlossenen Augen am Boden. Die Lehrerin spielt mit der Juju-Bandrassel (= Klapperschlange).

Übergang: Die Bongos

Die Lehrerin stellt die Bongos auf einem Ständer in die Raummitte und deckt das Instrument mit einem Tuch ab. Berührt sie mit der Juju-Bandrassel („Klapperschlange") ein Kind, öffnet es die Augen und stellt sich in den Kreis. Wiederholen, bis alle im Kreis stehen. Ein Kind deckt das Instrument auf.

Instrumentalspiel: Bongos

Die Kinder stehen im Kreis um die Bongos.

- Jedes Kind geht zur Mitte und schlägt einmal auf das Fell.
- Jedes Kind geht zur Mitte und schlägt zweimal auf das Fell.
- Jedes Kind geht zur Mitte und improvisiert mit dem hohen und tiefen Klang der Bongos.
- Die Lehrerin geht zur Mitte, spricht die afrikanischen Rhythmussilben KA-LE-BA-SCHI und trommelt im Sprechrhythmus.
- Jedes Kind geht zur Mitte, spricht KA-LE-BA-SCHI und trommelt im Sprechrhythmus.
- Die Lehrerin improvisiert auf den Bongos, die Kinder bewegen sich im Raum dazu.
- Jedes Kind trommelt ein Solo.

Hinweis:

Das Instrumentalspiel kann auch mit anderen afrikanischen Trommeln, wie Djembe oder Panlogo ausgeführt werden.

BRIEFE VON FELIX

Rhythmisches Spiel mit den afrikanischen Rhythmussilben KA-LE-BA-SCHI

- Am Platz: Die Kinder sitzen im Kreis, sprechen und klopfen den Sprechrhythmus von KA-LE-BA-SCHI auf den Boden (vorn, hinten, rechts, links). Mehrmals hintereinander wiederholen.

- Im Raum: Die Kinder sprechen und gehen im Sprechrhythmus zu KA-LE-BA-SCHI. Jede Silbe entspricht einem Gehschritt. Mehrmals hintereinander wiederholen.

Rhythmusspiel mit Kaxixi

Rhythmusspiel mit Kaxixi: KA-LE-BA-SCHI

- Die Kinder stehen im Kreis und haben eine Kaxixi oder Chekere (Kalebasse) in der Hand. Alle sprechen KA-LE-BA-SCHI und stampfen im Sprechrhythmus dazu. Wiederholen.
- Alle sprechen KA-LE-BA-SCHI, stampfen im Sprechrhythmus und betonen mit der Kaxixi eine bestimmte Silbe, z. B. KA. Wiederholen.

Variante:
Betonung auf BA, SCHI oder LE.

Variante:
Jeweils zwei Silben betonen.

Sprechen		**KA**	–	**LE**	–	**BA**	–	**SCHI**
Kaxixi	$\frac{4}{4}$	X		𝄽		𝄽		𝄽
Stampfen		**re**		**li**		**re**		**li**

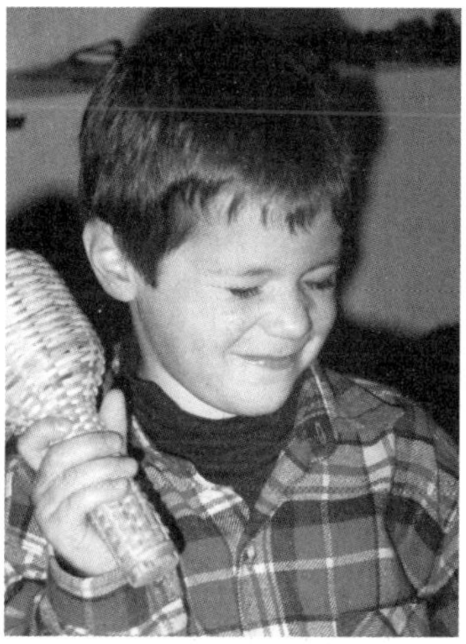
Instrumentalspiel mit Kaxixi

Instrumentalspiel mit afrikanischen Instrumenten
Die Kinder experimentieren mit verschiedenen afrikanischen Instrumenten: Bongos, Kaxixi, Juju-Bandrassel, Chekere oder Kalebasse, Eisenglocke.

Instrumentalspiel mit Kalebasse

Übergang als Ordnungsspiel: Instrumente ablegen
Die Kinder sitzen mit geschlossenen Augen im Kreis. Die Lehrerin tippt den Sprechrhythmus von „KA-LE-BA-SCHI" auf den Rücken der Kinder. Daraufhin öffnen sie die Augen und legen ihr Instrument in die Kreismitte.

Afrikanischer Tanz: Taa, taa, yee mit Fußschellen (Schellenband)

→ Lieder S. 167

Verabschiedung

Afrikanische Instrumente

BRIEFE VON FELIX

In New York

Einstimmung

→ Einstimmung S. 17

Begrüßungslied: Hey kids, I say hello

→ Lieder S. 17

Bewegungsspiel: Sich begrüßen

Die Lehrerin improvisiert am Klavier oder auf der Blockflöte zur Fortbewegungsart Gehen und Hüpfen. Die Kinder bewegen sich dazu. Hört die Musik auf, gehen sie paarweise zusammen und begrüßen sich auf englisch mit „hello" oder „hey". Mehrmals wiederholen.

Auditives Wahrnehmungsspiel: Felix im Flugzeug

→ siehe Stundenbild 1, S. 136

Der Hase Felix landet in New York. Die Kinder sitzen im Kreis.

Die Lehrerin liest vor

Bilderbuch: Briefe von Felix

Die Lehrerin liest den Brief aus New York und die darauf folgende Seite vor.

Lied: Hase Felix/Bruder Jakob/Are you sleeping/Frère Jacques Fratello Giacobe /Achi Jacob/Ndugu Jakubu

→ Lieder S. 164

- Lied in Kleinmotorik als Echospiel
- Lied in Großmotorik
- Lied als Tanz mit Solist

BRIEFE VON FELIX

Sensomotorische Wahrnehmungsspiele: Die Freiheitsstatue in New York

• Auditives Wahrnehmungsspiel

Die Lehrerin improvisiert am Klavier oder auf der Handtrommel zur Fortbewegungsart Laufen. Die Kinder bewegen sich dazu und begleiten das Laufen mit der Kaxixi. Hört die Musik auf, bleiben alle stehen und halten die Kaxixi als „Fackel der Freiheitsstatue" nach oben.

Die Freiheitsstatue mit Fackel

• Visuelles Wahrnehmungsspiel

Die Kinder laufen im Raum und begleiten sich mit der Kaxixi. Bleibt ein Kind als „Freiheitsstatue" stehen, bleiben auch die anderen stehen.

Variante:

Die Fackel in verschiedenen Positionen halten.

Experimentierphase mit Kaxixi

Jedes Kind experimentiert mit der Kaxixi: balancieren, tragen, werfen, usw.

Experimentierphase mit Kaxixi

Führen und Folgen mit Kaxixi: Die Freiheitsstatue bewegt sich

Die Kinder stehen als „Freiheitsstatue" im Kreis. Ein Kind bewegt sich am Platz mit der Kaxixi, die anderen ahmen gleichzeitig nach. Dann führt ein anderes Kind.

Auditives Wahrnehmungsspiel: Die Wolkenkratzer

Die Lehrerin improvisiert auf dem Xylophon zur Fortbewegungsart Gehen. Kinder bewegen sich dazu. Ertönt ein Glissando auf dem Glockenspiel, bleiben alle stehen und schauen nach oben zu den „Wolkenkratzern".

Experimentierphase mit Kaxixi

BRIEFE VON FELIX

Variante:
Ein Kind spielt das Xylophon, ein zweites das Glockenspiel. Ein drittes Kind gibt durch Antippen (Schulter) der Instrumentalisten die Spieleinsätze. Ein erstes Antippen bedeutet „beginne das Spiel", ein zweites Antippen bedeutet „beende das Spiel". Die anderen reagieren auf die Klänge mit folgenden Bewegungen im Raum:

Xylophon → Gehen.
Glockenspiel → Stehen bleiben und nach oben schauen.
Xylophon und Glockenspiel → Gehen und gleichzeitig nach oben schauen.

Rollentausch.

Auditives Wahrnehmungsspiel: Felix im Flugzeug

→ siehe Stundenbild 1, S. 136

Der Hase Felix fliegt zurück nach Deutschland. Die Kinder sitzen im Kreis.

Lied: Hallo Sophie

→ Lieder S. 164

- Lied in Kleinmotorik

Bilderbuch: Briefe von Felix

Die Lehrerin zeigt die letzte Seite von der Ankunft Felix' bei Sophie.

Ratespiel: Felix' Reisekoffer

Die Kinder sitzen im Kreis. Die Lehrerin öffnet „Felix' Reisekoffer" und zeigt die Reiseaufkleber. Die Kinder erraten die Städte und Länder. Dann werden die Reiseaufkleber in der Reihenfolge der bereisten Länder am Boden ausgelegt.

Lied: Are you sleeping/Frère Jacque/Fratello Giacobe/Achi Jacob/ Ndugu Jakubu

→ Lieder S. 163

- Die Lehrerin hält alle Reiseaufkleber aufgefächert in der Hand. Ein Kind nach dem anderen zieht einen Reiseaufkleber und singt das Lied in der jeweiligen Sprache.
- Lied als Tanz

Verabschiedung

BRIEFE VON FELIX

Felix' Weltreise (Abschlussstunde in Rondoform)

Einstimmung: Briefe von Felix
Die Kinder erzählen von den Erlebnissen auf Felix' Weltreise.

Teil A: Auditives Wahrnehmungsspiel: Felix im Flugzeug → Stundenbild 1, S. 136

Teil B: In London
- Lied: Are you sleeping → Lieder S. 164
- Vers: Palastwache → Verse S. 162

Teil A: Felix im Flugzeug

Teil C: In Paris
- Lied: Frère Jacques → Lieder S.164
- Bewegungsspiel: Der Eiffelturm → Stundenbild 2 S. 140

Teil A: Felix im Flugzeug

Teil D: In Rom
- Lied: Fratello Giacobe → Lieder S.164
- Sensomotorische Wahrnehmungsspiele: Römische Zahlen → Stundenbild 3 S. 144

Teil A: Felix im Flugzeug

Teil E: In Ägypten
- Lied: Achi Jacob → Lieder S.164
- Auditives Wahrnehmungsspiel: Die Kamelherde → Stundenbild 4 S. 148

Teil A: Auditives Wahrnehmungsspiel: Reise nach Kenia → Stundenbild 5 S. 148

Teil F: In Kenia
- Lied: Ndugu Jakubu → Lieder S. 164
- Afrikanischer Tanz: Taa, taa, yee → Lieder 5 S. 167

Teil A: Felix im Flugzeug

Teil G: In New York
- Lied: Are you sleeping → Lieder S. 164
- Auditives Wahrnehmungsspiel: Die Wolkenkratzer → Stundenbild 6 S. 154

Teil A: Felix im Flugzeug

Ausklang: Tanz mit Instrumenten
- Lied: Hallo Sophie als Tanz mit Instrumenten → Lieder S.165

Briefe von Felix

In Rom

Auditives Wahrnehmungsspiel: Gerade und krumme Straßen in Rom

Die Lehrerin improvisiert am Klavier zur Fortbewegungsart Gehen. Dazu gehen die Kinder geradeaus. Improvisiert sie zur Fortbewegungsart Laufen, bewegen sie sich durch die kurvigen, engen Gassen.

Variante:
Ein Kind improvisiert mit Bassxylophon-Klangbausteinen (Töne f und c) zum Gehen. Ein anderes spielt mit der Rassel zum Laufen. Die anderen reagieren auf die Klänge und bewegen sich dazu.

Rollentausch

Wahrnehmungsspiele mit Tonsilben und Handzeichen

(entwickelt aus der Methode der relativen Solmisation)

von Edith Penz

Das Spiel mit Tonsilben und Handzeichen entstammt der Methode der relativen Solmisation zur Entwicklung einer inneren Tonvorstellung. Diese verknüpft das Singen von Tönen mit entsprechenden Tonsilben und Handzeichen. Die Bezeichnung Tonsilben kommt aus der italienischen Sprache: do-re-mi-fa-so-la-si-do = Tonsilben der Tonleiter.
Im Umgang mit der Methode der relativen Solmisation geht es nicht um das Erkennen absoluter Tonhöhen, sondern um Beziehungen der Töne untereinander. Tonstufen innerhalb einer Tonleiter werden über Handzeichen (Bewegung) und gesungenen Tonsilben (Musik und Sprache) erfahren. Angeregt durch die Solfège-Handgesten der Schweizer Rhythmikerin Malou Hatt-Arnold, entstanden die Handzeichen. Die Ausbildung in Solfège, das Singen nach Tonsilben, gehört zur Praxis der Rhythmisch-musikalischen Erziehung am Institut Jaques-Dalcroze in Genf.

Handzeichen und Tonsilben

Die Handzeichen mit beiden Händen gleichzeitig ausführen.

entwickelt von Edith Penz

Do

Arme nach unten,
Hände zur Faust.

re

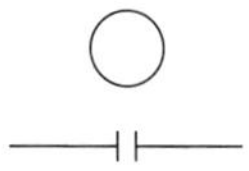

Hände waagerecht,
Fingerspitzen berühren sich.

BRIEFE VON FELIX

mi	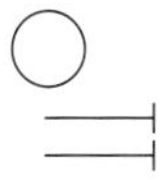	Hände nebeneinander, Handinnenfläche nach oben.
fa		Hände schräg zum Dach.
so		Arme seitlich einstützen.
la		Hände an die Schultern, überkreuz.
si	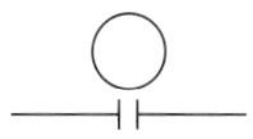	Hände waagerecht unter das Kinn, Fingerspitzen berühren sich.
do		Hände als Dach über dem Kopf.

Anmerkung:
Die Handzeichen sind aus Gründen der Vollständigkeit für alle Tonstufen einer diatonischen Tonleiter dargestellt.

Sensomotorische Wahrnehmungsspiele mit Römischen Zahlen, italienischen Tonsilben und Handzeichen

Die Kinder lernen
die ***Römischen Zahlen*** I – II – III – IV – V
als Tonstufen der diatonischen Tonleiter 1 – 2 – 3 – 4 – 5
mit ***Tonsilben*** do – re – mi – fa – so
und ***Handzeichen***
zu verknüpfen

Hinweis:
In den folgenden Aufgaben sind die Töne aus dem Fünftonraum der C-Dur Tonleiter beschrieben. Die Übungsbeispiele auch nach F-Dur, G-Dur und D-Dur transponieren.

BRIEFE VON FELIX

1. Römische Zahlen und Tonsilben im Fünftonraum

Die römischen Zahlen (I – II – III – IV – V) werden mit Klanghölzchen auf den Boden gelegt. Alle stehen um die Zahl I, singen die Tonsilbe „do", auf der Tonstufe c' und führen gleichzeitig das entsprechende Handzeichen aus.

- Dann laufen alle zur Zahl II, singen die Tonsilbe „re" auf der Tonstufe d' mit Handzeichen.
- Dann laufen alle zur Zahl III, singen die Tonsilbe „mi" auf der Tonstufe e' mit Handzeichen.
- Dann laufen alle zur Zahl IV, singen die Tonsilbe „fa" auf der Tonstufe f' mit Handzeichen.
- Dann laufen alle zur Zahl V, singen die Tonsilbe „so" auf der Tonstufe g' mit Handzeichen.

Mehrmals wiederholen.

Ratespiel

Alle laufen zu einer beliebigen „römischen Zahl", singen die dazugehörige Tonsilbe mit Handzeichen.

2. Instrumentalspiel und Tonstufen im Fünftonraum

- **Vom Klavier**

Die römischen Zahlen (I–V) liegen mit Klanghölzchen am Boden. Die Kinder stehen verteilt im Raum.

- Die Lehrerin schlägt den Ton c' auf dem Klavier an. Die Kinder erkennen die 1. Tonstufe „do" und laufen zur entsprechenden römischen Zahl I. Sie singen die Tonsilbe „do" und führen das Handzeichen aus.
- Die Lehrerin schlägt den Ton d' auf dem Klavier an. Die Kinder erkennen die 2. Tonstufe „re" und laufen zur entsprechenden römischen Zahl II. Sie singen die Tonsilbe „re" und führen das Handzeichen aus.
- Dasselbe mit der 3., 4. und 5. Tonstufe der Tonleiter.

Variante:

Die Lehrerin spielt die Töne c' – g' in beliebiger Reihenfolge. Die Kinder reagieren.

- **Vom Metallophon**

Die Kinder stehen im Raum verteilt. Die Lehrerin spielt auf dem Metallophon die Töne c' – d' – e' – f' – g' nacheinander an und singt die Tonsilben dazu. Die Kinder singen mit und führen die dazugehörigen Handzeichen aus.

- **Auditiv:**
  Ein Kind spielt einen Ton auf dem Metallophon an. Die anderen reagieren mit dem dazugehörigen Handzeichen und singen die Tonsilbe.
- **Visuell:**
  Ein Kind zeigt ein Handzeichen, ein anderes singt die dazugehörige Tonsilbe und spielt den Ton auf dem Metallophon.

BRIEFE VON FELIX

In Kenia

Rhythmisches Spiel mit den afrikanischen Rhythmussilben U-ME-LA

Einstimmung

Die Kinder sitzen im Kreis. Die Lehrerin beginnt und flüstert ihrem Nachbarn die Rhythmussilbe U-ME-LA in das Ohr. Dieser flüstert es wiederum seinem Nachbarn weiter. Weiterflüstern, bis das Wort beim ersten Kind wieder angekommen ist.

Am Platz

U-ME-LA sprechen oder singen (Dreiklang) und mit Körperklanggesten begleiten. Mehrmals hintereinander wiederholen.

U	Auf Oberschenkel patschen.
ME	Klatschen.
LA	Beide Hände an die Backen oder auf den Kopf.

Variante:

Mit ausgestreckten Beinen am Boden sitzen.

U	Beide Fußspitzen umfassen.
ME	Beide Knie antippen.
LA	Klatschen.

Im Raum:

U-ME-LA sprechen und im Sprechrhythmus gehen. Jede Silbe entspricht einem Schritt. Die Lehrerin begleitet das Gehen (3/4-Takt) am Klavier oder Xylophon mit Dreiklängen. Mehrmals hintereinander wiederholen.

Mit Material: Papprolle als „Schiffsfernrohr auf dem Nil"

Die Kinder stehen im Raum verteilt und haben eine Papprolle als „Fernrohr" in der Hand. Das Wort U-ME-LA sprechen oder singen und folgende Bewegungen ausführen:

U	Durch das Fernrohr nach unten schauen (zur Erde).
ME	Durch das Fernrohr waagerecht schauen (zum Horizont).
LA	Durch das Fernrohr nach oben schauen (zum Himmel).

Anmerkung:

Die Betonungen im 3/4-Takt (schwer – leicht – leicht) werden über die Bewegungsrichtungen (unten – Mitte – oben) erfahren.

BRIEFE VON FELIX

Mit Instrumenten:
Die Kinder sitzen im Kreis, sprechen und spielen U-ME-LA mit verschiedenen Instrumenten. Mehrmals hintereinander wiederholen.

- Xylophon-Klangbausteine in F-Dur (f, a, c), C-Dur (c, e, g) oder G-Dur (g, h, d).
- Mit drei Handtrommeln in unterschiedlicher Klanghöhe.
- Mit drei verschiedenen Instrumenten. Beispiel:

U	Pauke oder tiefe Handtrommel
ME	Chekere oder Kalebasse
LA	Afrikanische Eisenglocke

Rhythmusspiel mit Kaxixis:

- Die Kinder stehen im Kreis und haben eine Kaxixi in der Hand. Alle sprechen U-ME-LA und stampfen im Sprechrhythmus dazu.
- Alle sprechen U-ME-LA, stampfen im Sprechrhythmus und betonen mit der Kaxixi eine bestimmte Silbe, zum Beispiel U.

Variante: Jeweils zwei Silben betonen.

Variante: Betonung auf LA oder ME.

Sprechen		**U –**	**Me –**	**La**	**U –**	**Me –**	**La**
Kaxixi	**3/4**	**X**	𝄽	𝄽 |	**X**	𝄽	𝄽
Stampfen		**re**	**li**	**re**	**li**	**re**	**li**

Rhythmisches Spiel mit den afrikanischen Rhythmussilben U-ME-LA und KA-LE-BA-SCHI
Die Kinder stehen in zwei Gruppen gegenüber. Die erste Gruppe spricht und spielt mit Klanghölzchen den Sprechrhythmus von KA-LE-BA-SCHI. Die zweite Gruppe spricht und spielt mit Kaxixi den Sprechrhythmus von U-ME-LA. Ein Kind gibt als „Dirigent" den Gruppen den Spieleinsatz.

Der Dirigent gibt an:

- Laut oder leise spielen (Dynamik)
- Lauter oder leiser werden (crescendo/descrescendo)
- Langsam oder schnell spielen (Tempo)
- Langsamer oder schneller werden (ritardando/accelerando)
- Allein oder gemeinsam spielen (solo/tutti)

Rollentausch.

BRIEFE VON FELIX

Lied: Ndugu Jakubu mit afrikanischen Instrumenten

→ Lieder S. 163

Die Kinder sitzen im Kreis. Bongos, Chekere oder Kalebasse, Kaxixi und Eisenglocke sind auf die Kinder verteilt. Alle Instrumente spielen im Melodierhythmus.

Ndugu Jakubu, ndugu Jakubu,	Bongos
ume lala bado, ume lala bado?	Kaxixi
Keng gele husikii, keng gele husikii.	Chekere oder Kalebasse
Ding, dang, dong,	Eisenglocke
ding, dang, dong.	

Klang- und Stimmimprovisation: Im Urwald

Die Kinder sitzen im Kreis. Rainmaker, Juju-Bandrassel, Heulschlauch, Flötenkopf, Kaxixi, Chekere oder Kalebasse, Bongos und Conga sind auf die Kinder verteilt. Sie improvisieren mit der Stimme und den Instrumenten verschiedene Geräusche und Tierlaute aus dem Urwald: Affe, Löwe, Klapperschlange, Elefant, Panther, Regen, Wasserfall.

Anmerkung:

Die afrikanischen Rhythmussilben KA-LE-BA-SCHI und U-ME-LA stammen aus der Rhythmusarbeit von Rolf Exler.

Briefe von Felix

Palastwache

Sabine Hirler

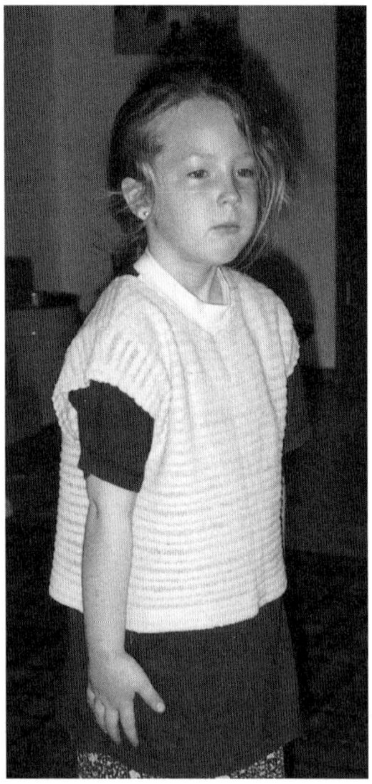

Palastwache: „ ... müssen stehen ohne Regung, ..."

Vers in Großmotorik

Den Vers sprechen und die Bewegungen im Raum ausführen.

Steif und groß mit Bärenmütze,	Im Raum marschieren. Arme nach oben strecken,
marschieren wir hier in der Hitze.	Fingerspitzen zeigen zueinander = Mütze.
Wir müssen stehen ohne Regung,	Stehenbleiben.
bei Wind und Sonne und bei Regen.	

Vers in Großmotorik mit Handtrommel

Die Kinder stehen im Raum verteilt. Jedes Kind hat eine Handtrommel mit Schlägel. Zum gesprochenen Vers im Raum marschieren und die Schritte auf der Handtrommel begleiten.

Variante:
Die Kinder stellen sich nebeneinander und marschieren zum gesprochenen Vers vorwärts. Am Versende umdrehen und wieder zurückmarschieren.

In Rom

Sabine Hirler/Edith Penz

Vers in Großmotorik

Den Vers sprechen und die Bewegungen im Raum ausführen.

Wir schau'n uns an die große Stadt, **was sie uns heute bringen mag?** **Hier im großen, alten Rom** **sind die Straßen grad' und krumm.**	Im Raum spazieren gehen.
Geradeaus geht es durch Rom **auf breiten Straßen bis zum Dom.** **Groß und breit geht's lange Zeit,** **denn bis zum Dom ist es noch weit.**	Gerade Wege gehen.
In krummen, alten, engen Straßen **drängeln Leute durch die Gassen.**	Enge, kurvige Wege gehen.
Holprig, holprig aufgepasst, sonst **fällst du auf die eig`ne Nas'.**	

BRIEFE VON FELIX

Bruder Jakob

Aus Frankreich

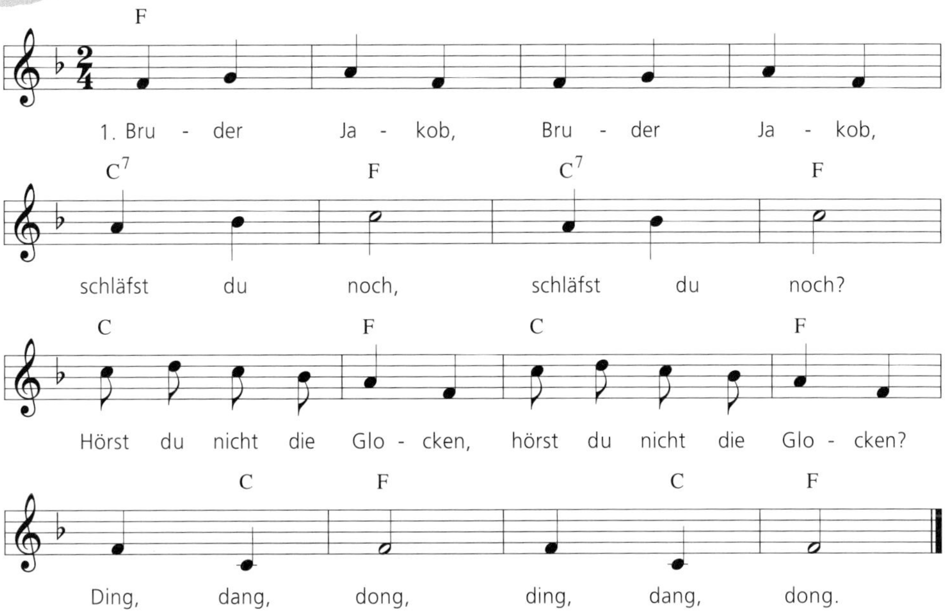

Klaviersatz: Bruder Jakob

→ Notenanhang S. 167

2. Are you sleeping, are you sleeping, brother John, brother John?
Morning bells are ringing, morning bells are ringing. Ding, dang, dong, ding, dang, dong.
(englisch)

3. Frère Jacques, frère Jacques, dormez vous, dormez vous?
Sonnez les matines, sonnez les matines. Ding, dang, dong, ding, dang, dong.
(französich)

4. Fratello Giacobe, fratello Giacobe, dormi ancora, dormi ancora?
Suona le campane, suona le campane. Ding, dang, dong, ding, dang, dong.
(italienisch)

5. Achi Jacob, Achi Jacob, ama te sal naimen, ama te sal naimen?
Ela tesmaa el edschras, ela tesmaa el edschras. Ding, dang, dong, ding, dang, dong.
(arabisch)

6. Ndugu Jakubu, ndugu Jakubu, ume lala bado, ume lala bado?
Keng gele husikii, keng gele husikii. Ding, dang, dong, ding, dang, dong.
(kisuaheli)

BRIEFE VON FELIX

Lieder: „Hase Felix" und „Hallo Sophie" zur Melodie von „Bruder Jakob"

Text: Sabine Hirler

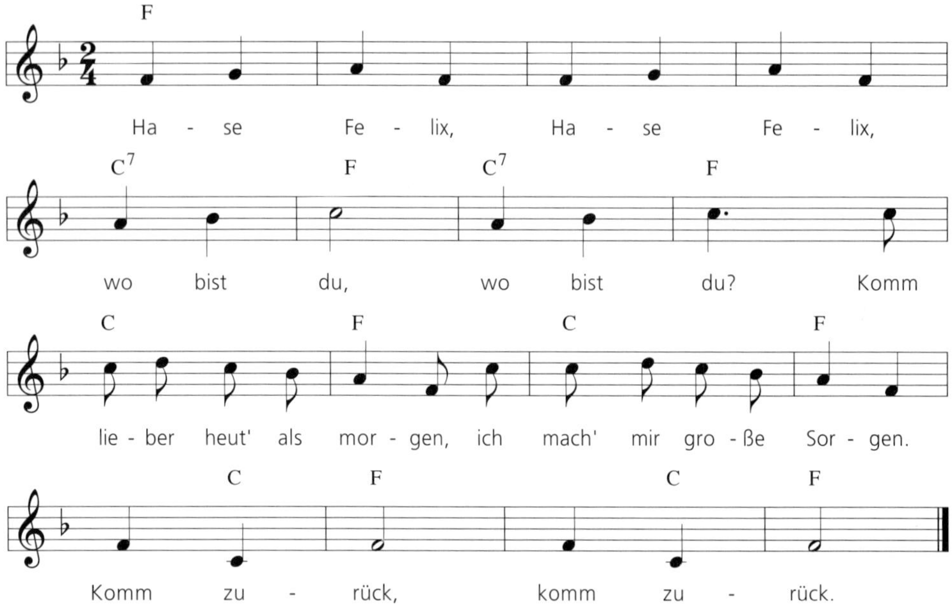

HALLO SOPHIE, HALLO SOPHIE, BIN ZURÜCK, WELCH EIN GLÜCK.
ICH FREU' MICH DICH ZU SEHEN, HAB' DIR VIEL ZU ERZÄHLEN.
BIN ZURÜCK, WELCH EIN GLÜCK.

Hinweis:
Zum Lied „Hase Felix" werden die gleichen Gesten wie zum Lied „Bruder Jakob" ausgeführt.

Lied in Kleinmotorik

Das Lied singen und die Gesten am Platz ausführen.

BRUDER JAKOB, BRUDER JAKOB,	MELODIERHYTHMUS KLATSCHEN.
SCHLÄFST DU NOCH,	2 X KLATSCHEN, KOPF NACH RECHTS NEIGEN, MIT „SCHLAFGESTE".
SCHLÄFST DU NOCH?	DASSELBE NACH LINKS.
HÖRST DU NICHT DIE GLOCKEN, HÖRST DU NICHT DIE GLOCKEN?	MELODIERHYTHMUS ABWECHSELND AUF DIE OBERSCHENKEL PATSCHEN.
DING, DANG, DONG, DING, DANG, DONG.	SICH HIN- UND HERWIEGEN.

Lied in Kleinmotorik als Echospiel

Die Textwiederholungen leise singen und die Bewegungen kleiner ausführen.

Lied in Kleinmotorik mit Vorsänger

Ein Kind singt als Vorsänger jeweils zwei Takte voraus, die anderen wiederholen.

Briefe von Felix

Lied in Großmotorik

Das Lied singen und die Bewegungen im Raum ausführen.

Bruder Jakob, Bruder Jakob,	Im Melodierhythmus gehen
schläfst du noch,	und klatschen.
schläfst du noch?	
Hörst du nicht die Glocken,	Im Melodierhythmus laufen
hörst du nicht die Glocken?	und klatschen.
Ding, dang, dong,	Stehen bleiben und hin- und herpendeln.
ding, dang, dong.	

Lied als Tanz

Die Kinder stehen im Kreis mit Blick zur Mitte.

Frère Jacques,	Vier Schritte zur Kreismitte gehen.
frère Jacques,	Vier Schritte zurück zum Platz.
dormez vous, dormez vous?	Stehen bleiben und klatschen.
Sonnez les matines,	Laufschritte in Tanzrichtung.
sonnez les matines.	
Ding, dang, dong,	Stehen bleiben und hin- und
ding, dang, dong.	herpendeln.

Lied als Tanz mit Solist

Die Kinder stehen im Kreis mit Blick zur Mitte. Ein Kind steht in der Kreismitte im Reifen und singt als Solist eine Strophe des Liedes. Die anderen tanzen dazu (siehe oben).

Lied mit Instrumenten

Die Kinder sitzen im Kreis. Klanghölzchen, Triangel, Schellenkranz und Cymbeln sind auf die Kinder verteilt. Alle Instrumente spielen im Melodierhythmus.

Bruder Jakob, Bruder Jakob,	Klanghölzchen
schläfst du noch,	Triangel
schläfst du noch?	
Hörst du nicht die Glocken,	Schellenkranz
hörst du nicht die Glocken?	
Ding, dang, dong,	Cymbel
ding, dang, dong.	

Variante:

Den Liedanfang (Takt 1–4) auf Xylophon-Klangstäben spielen (Töne f, g, a).

BRIEFE VON FELIX

Afrikanischer Tanz: Taa, taa, yee mit Fußschellen (Schellenband)

aus: African Songs and Rhythms for Children. Orff-Schulwerk. Schott Verlag. Mainz

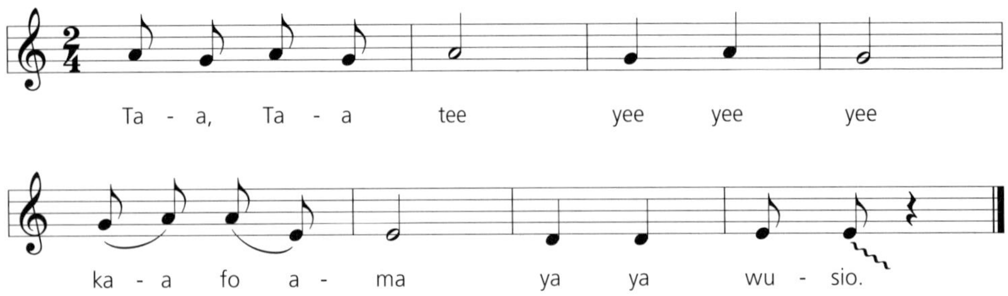

Tanzform

Die Kinder stehen im Kreis mit Blick zur Mitte. Jedes Kind hat ein Schellenband um das rechte Fußgelenk.
Das Lied singen und acht Seitanstellschritte in Tanzrichtung ausführen. Dabei mit dem rechten Fuß beginnen. Die Wiederholung gegen Tanzrichtung, linker Fuß beginnt.

Variante:
Jedes Kind begleitet die Tanzschritte mit Kaxixi oder Chekere (Kalebasse). Die Lehrerin spielt mit der afrikanischen Eisenglocke das Metrum (Viertelnoten) dazu.

Klaviersatz: Bruder Jakob

Aus Frankreich
Satz: Edith Penz

Instrumentenverzeichnis

Becken (30–40 cm)
Blockflöte (Sopran)
Bongos
Conga
Cymbel (20–25 cm)
Djembe
Eisenglocke
Fingercymbel (5 cm)
Glockenspiel
Guiro oder Raspel
Handtrommel
Holzblocktrommel
Holzröhrentrommel
Juju-Bandrassel
Kalebasse (Chekere)
Kaxixi (sprich: Kaschischi)
Klanghölzchen (Claves)
Klavier
Metallophon-Klangstab
Panlogo
Pauke
Rainmaker
Rassel
Rührtrommel
Schellenband
Schellenkranz
Schellentambourin
Schlitztrommel
Triangel
Vibra Slap
Xylophon-Klangstab

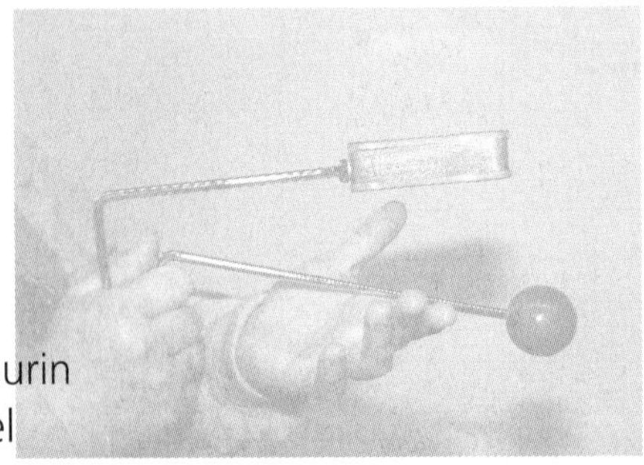

Versverzeichnis

Der Hahn 74
Der Maronimann 111
Die Katze 57
Eicheln fallen 73
Fingerspiel: Dripp und Dropp 91
Fingerspiel: Kommt die Maus aus ihrem Haus 55
Fingerspiel: Tick und Tock im Sommer 72
In Rom 162
In Bimbelbom 130
Kaminfeuer 111
Palastwache 162
Regen 92
Trippel, trappel Mäuselein 56
Zauberspruch der kleine Hexe 112

Material- und Geräteverzeichnis

Geräusche Memory „Meer"
Gymnastikscheibe (Schaumstoff)
Handpuppe
Holzstab (1 m)
Kreisel
kleine Bälle (Moosgummi- oder Jonglierbälle)
Litzenseil
Marionette
Muschel
Nylontuch
Papprollen
Raschelfolie (30 cm x 30 cm)
Raschelstab
Reifen
Rhythmik-Spanstäbchen
Sandsäckchen
Vierkanthölzer

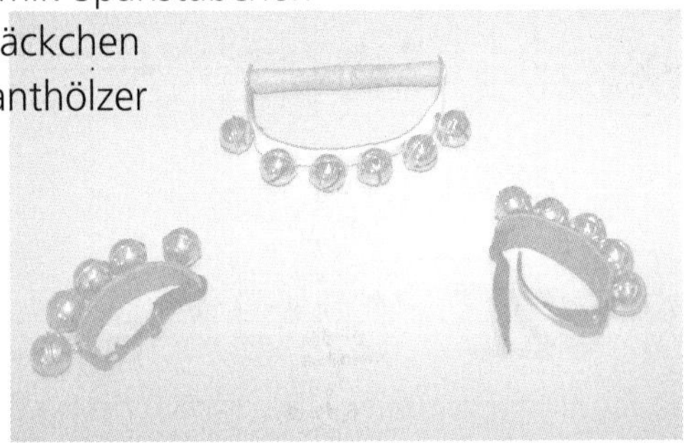

Liedverzeichnis

Afrikanischer Tanz: Taa, taa, yee 166
Begrüßungslied: Halli-Hallo 15
Begrüßungslied: Guten Tag, liebe Kinder 18
Bruder Jakob 163
Das Menuett der Mäuse 61
Der Bratapfel 115
Der freche Amadeus 57
Der Regenbogenfisch 39
Die Uhr von Bimbelbom 131
Florino 95
Hase Felix 164
Mahle Mühle, Mühle mahl 74
Regentropfen 94
Schlaflied für die Katze 62
Tanzlied: Tick und Tock im Sommer 72
Vom Hexenbesenstiel 112
Vom Regenhüpfen 93
Windmühlentanz 77